Pohl
Zweisamkeit

Monika Alicja Pohl ist Inhaberin der Physioyoga Akademie und Expertin auf dem Gebiet der Selbstfürsorge. Als Autorin zahlreicher Ratgeber zum Thema Persönlichkeit und Lebenshilfe sagt sie: »Ein gesunder Lebensstil ist nicht nur mein persönliches Motto. Als Heilpraktikerin für Physio- und Psychotherapie ist es mir ein wichtiges Anliegen, die vielfältigen Möglichkeiten aufzuzeigen, wie sich Achtsamkeit und Yoga gewinnbringend für die eigene Gesundheit und eine erfüllte Partnerschaft in den Alltag integrieren lassen. Meine Überzeugung: Nur wer gut für sich selbst sorgt, kann sein Bestes geben!« (www.physioyoga.com; www.lebensstil-gesundheit.de)

Monika A. Pohl

Zweisamkeit

Achtsam und verbunden als Paar

Durch Selbstliebe zum Paar werden

10 Der innere Kritiker und die Selbstzweifel

12 Konstruktiver Umgang mit Selbstzweifeln

15 Übung zum Reflektieren: Umgang mit Kritik von außen

16 Mit sich selbst in Berührung kommen

16 Selbstfürsorge ist die beste Vorsorge

18 Selbstmassageübungen

20 Hand grüßt Fuß: Hasta Pada Mudra

21 Mitgefühl als Schlüssel zum Herzen

22 Mentalübung: Den Herzraum öffnen

24 Keine Angst vor Verletzlichkeit

25 Geste des Vertrauens: Ich schenke dir mein Vertrauen

26 Herz-an-Herz-Meditation: Berühre mein Herz

❯❯ Tests

13 Wie gut sind Sie mit sich selbst vertraut?

33 Sind Sie eher der Sonnenheld oder die Mondgöttin?

38 Wie gut läuft Ihre Beziehungskommunikation?

77 Wie sensibel bin ich?

Durch Beziehungspflege zweisam leben

30 **Die gegensätzlichen Kräfte einer Beziehung**
31 Yoga als Weg zu mehr Achtsamkeit
34 Partneryoga: Ich stärke dir den Rücken

36 **Achtsame Paarkommunikation**
37 Beziehungs-Check-up
42 Sich entschuldigen, verzeihen und loslassen

44 **Sich gegenseitig Zeit und Berührung schenken**
46 Thai-Yoga-Partnermassage

52 **Achtsam streiten**

58 **Gemeinsame Ziele und Visionen**
59 Und nun geht es an die Arbeit

Durch Achtsamkeit zueinanderfinden

66 **Unliebsame Charaktereigenschaften auflösen**
67 Negativität
68 Egozentrisches Verhalten

69 Ungesunder Umgang mit Finanzen
70 Doppeldeutige Botschaften
71 Klammern
71 Mangel an Gelassenheit
72 Trägheit
73 Spezialgast: Hochsensibilität
76 Übung: Kompliment verschenken

78 **Sinnlichkeitstraining**
78 Achtsamer Sex
79 Sehnsüchte kommunizieren
80 Körperübung: Erdung
81 Sinnesübung: Diamantsitz

82 **Achtsame Paarrituale**
82 Zweisam Achtsamkeit genießen
83 Gemeinsam eine Mahlzeit zubereiten
84 Gemeinsam in den Tag starten
84 Gemeinsam den Tag beschließen
85 Date Nights und Kurztrips als Quality Time

86 **Gemeinsam lachen**
86 Die positiven Effekte des Lachens
88 Lachyogaübung: Umarmungs-Katapult
88 Lachyogaübung: Rückenschubbern
90 Lachen generiert Glück

92 **Nutzen Sie Krisen als Chancen!**

ACHTSAMKEIT

vervielfacht sich, wenn wir sie
mit einem anderen Menschen

teilen.

Einladung

Wer in einer glücklichen Partnerschaft lebt, sollte sie pflegen. Wenn Sie mit Ihrer Beziehung aktuell nicht zufrieden sind, sie Ihnen dennoch in der Essenz kostbar erscheint, sollten Sie versuchen, sie wieder zu beleben.

In diesem Glückscoach möchte ich Ihnen die Methode der Achtsamkeit vorstellen. Achtsamkeit schenkt dem Zusammenleben mehr Tiefe, daraus erwächst Vertrauen. Vertrauen, positive Gefühle und ein aufrichtiges Interesse am Gegenüber bilden die Grundlage einer gut funktionierenden Beziehung. Auch alleine lässt sich eine Veränderung in der Zweisamkeit bewirken, denn vieles, was wir für uns selbst tun, wirkt sich positiv auf unsere Partnerschaft aus. Dennoch empfehle ich Ihnen, diesen Weg gemeinsam zu gehen.

Auf den folgenden Seiten finden Sie zahlreiche Gedankenimpulse und praktische Übungen zum Hinterfragen, Reflektieren und Ausprobieren. Ich werde Sie mit einer Auswahl an Yogahaltungen vertraut machen, die ein hervorragendes Werkzeug der Achtsamkeit bilden. Gleichzeitig lade ich Sie herzlich ein, sich auf etwas ganz Fundamentales einzulassen: achtsame Berührung. Denn Berührung erzeugt Nähe. Und Nähe ist das, was wir uns alle in der Tiefe unseres Herzens wünschen. Lassen Sie sich mit Freude inspirieren!

Monika A. Pohl

Hinweis: Dieser Ratgeber wendet sich gleichermaßen an alle Geschlechter. Im Sinne leichterer Lesbarkeit nutze ich überwiegend die Bezeichnung »Partner«. Sie ist jedoch geschlechtsneutral zu verstehen.

Durch Selbstliebe
zum Paar werden

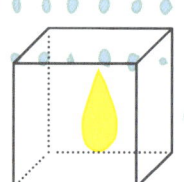

Der innere Kritiker und die Selbstzweifel

Gesunde Selbstliebe ist die Voraussetzung für eine glückliche Partnerschaft – wer sich selbst annimmt mit allen Stärken und Schwächen, kann dem Partner befreit und selbstbewusst begegnen.

So einzigartig, wie wir alle sind, sind auch unsere Beziehungen. Daher kann es kein Patentrezept für eine glückliche Partnerschaft geben. Allerdings haben wir alle unsere Muster und reagieren leider nicht immer im Sinne einer guten Partnerschaft. Häufig bereuen wir es später, sind jedoch zu stolz, auf den anderen zuzugehen, und entscheiden uns für die Flucht. Oder wir fühlen uns missverstanden und räumen zutiefst verletzt das Feld. Langfristig kann das nicht gut gehen. Das Paar entfernt sich zunehmend voneinander, bis es sich unglücklich eingesteht, dass es keine Gemeinsamkeiten mehr gibt. Damit ziehen wir dann den Schlussstrich und stürzen uns unter Umständen

gleich in ein neues Abenteuer, das vielleicht schon in absehbarer Zeit ganz ähnlich endet.

Eine wichtige Voraussetzung für eine erfüllte Partnerschaft ist immer auch die Liebe zu sich selbst. Jemanden zu lieben, ohne sich selbst anzunehmen und ständig nur die Bestätigung beim Gegenüber zu suchen, funktioniert auf Dauer nicht. Deshalb beschäftigt sich das erste Kapitel genau mit diesem Thema.

Unsere Persönlichkeit ist sehr facettenreich und vielfältig, denn jeder von uns hat seine eigenen Erfahrungen im Leben gemacht, auch in Partnerschaften. Es gibt

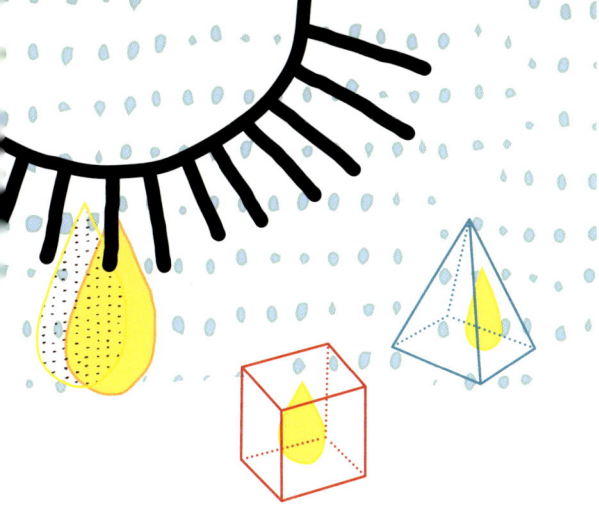

ben besonders schwer: der »innere Kritiker«. Er nimmt mit Vorliebe unsere Fehler und Schwächen ins Visier, zwingt uns zu Selbstzweifeln und verursacht nicht selten Schmerz und Beschämung. Auf diese Weise schwächt er unsere Selbstliebe.

Tatsächlich ist sein Dasein nicht immer vom Nachteil, denn …
- Er weist uns auf mögliche Fehler, Versäumnisse oder ein verzerrtes Selbstbild hin.
- Er regt uns zum Nachdenken an.
- Er löst neue Handlungsimpulse aus.

> *Sich selbst zu lieben ist der Beginn einer lebenslangen Romanze.* «
>
> *(Oscar Wilde)*

Dennoch kann es gefährlich sein, alles, was der innere Kritiker uns einflüstert, unreflektiert stehen zu lassen.

Identifizieren Sie seine Vorlieben und Themen:
- Wann wird Ihr innerer Kritiker besonders wach und aktiv?
- Was ist seine Lieblingsabwertung?
- Wie steht er in Bezug zu Ihrer aktuellen Beziehung und welchen Einfluss übt er unter Umständen auf diese aus?

Persönlichkeitsanteile, die in bestimmten Situationen gefordert werden, zum Beispiel im beruflichen Kontext, und wiederum andere, die unser Verhalten durchgehend steuern. Dazu gehören unter anderem der innere Antreiber, die Perfektionistin, der Choleriker, die Genießerin oder die fürsorgliche Mutter. Von einem dieser Anteile kann sich wohl kaum einer freisprechen. Er macht uns das Le-

Sich den »Arbeitsplatz« des inneren Kritikers näher anzuschauen, macht Ihnen gedankliche Fallen bewusst.

Konstruktiver Umgang mit Selbstzweifeln

Entscheidend ist ein konstruktiver Umgang mit den Selbstzweifeln! Im Falle Ihres inneren Kritikers empfehle ich Ihnen, wie folgt vorzugehen:

- Versuchen Sie Freundschaft mit ihm zu schließen, denn er verfolgt im Kern eine gute Absicht.
- Bleiben Sie im Dialog. Schauen Sie sich seine Kritik näher an, ohne es direkt persönlich zu nehmen.
- Seien Sie gewiss, dass Sie es wert sind, geliebt und geschätzt zu werden, ganz gleich, was Ihr Miesmacher dazu meint.

Eine differenzierte Selbstwahrnehmung hilft uns, uns selbst besser einzuschätzen und damit auch die eigene Position in der Beziehung zu erforschen. Angenommen, Sie erhalten von Ihrem Partner öfter die Rückmeldung, dass Sie zu streng mit sich selbst sind oder zu fordernd in der Partnerschaft. Dann sollten Sie sich eine oder mehrere Situationen dieser Art vergegenwärtigen, um zu ergründen, warum Ihr Partner Sie so und nicht anders einschätzt. Vielleicht fühlten Sie sich benachteiligt, hatten Angst, nicht zu genü-

gen, oder haben grundsätzlich einen hohen Anspruch an sich selbst und andere. Bei der nächsten vergleichbaren Situation sollten Sie mehr Achtsamkeit walten lassen, genauer hinschauen, um zu überprüfen, ob sich Ihre Vermutung bestätigt.

Viele Menschen halten eine intensive Auseinandersetzung mit sich selbst für unnötig und fixieren sich eher auf ihre Umwelt und ihr Gegenüber. Vielleicht weil sie es nie gelernt haben, sich mit sich selbst zu beschäftigen, eigene Handlungen und Werte zu hinterfragen und das eigene Wunschbild (so möchte ich sein) mit dem Selbstbild (so bin ich wirklich) abzugleichen. Vielleicht aber auch, weil sie wissen, dass dies keine leichte Aufgabe ist. Denn unter Umständen ist eine Kurskorrektur angebracht. Das wiederum braucht Zeit und Energie. Doch das Umdenken lohnt sich.

Wie bei allem im Leben ist auch hier das richtige Maß entscheidend. Wer nur mit sich selbst beschäftigt ist, hat für eine aufrichtige Beziehung wenig Spielraum. Wer sich selbst und seine Bedürfnisse dagegen nicht im Blick behält, verliert schnell die Orientierung in der Beziehung.

TEST

Wie gut sind Sie mit sich selbst vertraut?

- ☐ Ich kann meine Gedanken schnell identifizieren.

- ☐ Es gibt Äußerlichkeiten, die ich an mir besonders mag.

- ☐ Meine Gefühle sind mir klar und wichtig.

- ☐ Ich bin mir meiner Stärken und Schwächen bewusst.

- ☐ Es fällt mir leicht, spontan drei gute Eigenschaften von mir zu benennen.

- ☐ Ich habe ein gutes Körpergefühl.

- ☐ Ein gesunder Lebensstil ist mir wichtig.

- ☐ Ich erfreue mich an Komplimenten und nehme sie gerne an.

- ☐ Es gibt Zeiten, die ich gerne nur für mich in Anspruch nehme.

- ☐ Ich entscheide ebenso aus dem Kopf wie aus dem Bauch.

Auswertung

Je mehr Kreuze Sie gesetzt haben, desto besser sorgen Sie für sich selbst. Das ist nichts Verwerfliches, sondern eine Notwendigkeit, um mit sich selbst in Kontakt zu bleiben. Haben Sie mehr als fünf Aussagen angekreuzt, bleiben Sie dran und schauen Sie, woran Sie noch schleifen können. Sind es aktuell weniger als fünf, besteht dringender Handlungsbedarf. Nutzen Sie die zehn Punkte als Checkliste und verstehen Sie sie als Aufgaben. Arbeiten Sie sich langsam durch, bis Sie die meisten Punkte mit einem herzhaften »Ja« bestätigen können.

Der goldene Mittelweg als Kompass

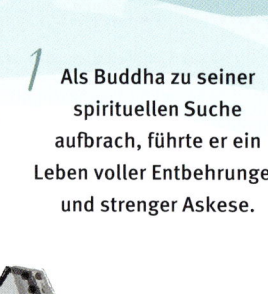

1 Als Buddha zu seiner spirituellen Suche aufbrach, führte er ein Leben voller Entbehrungen und strenger Askese.

2 Eines Tages gingen zwei Musikanten an dem Baum vorüber, unter dem er meditierend saß. Einer sagte zum anderen: »Spann die Saiten deiner Sitar nicht zu fest, oder sie werden reißen. Und lass sie nicht zu locker hängen, denn dann kannst du darauf keine Musik machen. Halte dich an den mittleren Weg.«

3 Diese Worte trafen den Buddha mit solcher Wucht, dass sie seinen Weg der Spiritualität grundlegend veränderten. Er war überzeugt, dass die Worte für sein Ohr bestimmt waren. Von dieser Minute an gab er alle strengen Grundsätze auf und begann einem Weg zu folgen, der leicht und hell war, den Weg der Mäßigung. Und tatsächlich wird sein Zugang zur Erleuchtung der Mittlere Pfad genannt.

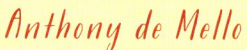

Anthony de Mello

Übung zum Reflektieren: Umgang mit Kritik von außen

So, wie wir mit Kritik von innen umgehen, gehen wir in der Regel auch mit Kritik von außen um. Auch hier lohnt es sich, genauer hinzuschauen. Wer die Hinweise des Partners abschmettert, ohne einmal über den möglichen Zusammenhang nachgedacht zu haben, erzeugt beim Gegenüber Frust. Wer dagegen ständig an sich zweifelt und sich für die Unstimmigkeiten in der Partnerschaft immerzu verantwortlich fühlt, ohne dies auf den Prüfstand zu stellen, schädigt in erster Linie sich selbst.

Rufen Sie sich dazu eine Streitsituation ins Gedächtnis, die idealerweise nicht lange her ist, und stellen Sie sich folgende Fragen:

- Was genau ist passiert?
- Wie ist es dazu gekommen?
- Wer hat das Gespräch gesucht?
- Welcher Ton hat dominiert?
- Sind Vorwürfe gefallen?
- Wie hat der Partner darauf reagiert?
- Was kann das beim Gegenüber ausgelöst haben?
- Wozu hat das geführt?
- Gab es eine Lösung?
- Ist damit die Sache aus der Welt?
- Wie haben Sie sich gefühlt?
- Was hätten Sie besser machen können?
- Worauf sollten Sie beim nächsten Mal achten?

Natürlich können Sie diesen Fragen auch gemeinsam nachgehen. Folgendes sollten Sie dabei beachten:

- Tauschen Sie sich ohne Schuldzuweisung aus.
- Bleiben Sie bei Ihrer Aussage ehrlich und wertschätzend.
- Lernen Sie aus der Situation, damit in Zukunft Meinungsverschiedenheiten nicht in einem ungelösten Konflikt münden.

Nutzen Sie den Austausch als einen ersten Impuls, denn auf dieses Thema werden wir später zurückkommen.

Mit sich selbst in Berührung kommen

Achtsame Berührung ist immens kraftvoll, weil sie nicht nur unseren Körper, sondern auch unsere Seele berührt.

Bei einer achtsamen Berührung schüttet der Körper das Hormon Oxytocin aus, das eine beruhigende Wirkung auf uns hat und in Verbindung mit dem Gefühl der Liebe, Geborgenheit und mit Vertrauen steht. Durch angenehme Berührung des eigenen Körpers kommen wir (wieder) in Kontakt mit uns selbst; Stress verliert seine Wirkung und Entspannung breitet sich aus. Zusätzlich wird das Immunsystem aktiviert, Schmerzen reduziert und der Blutdruck gesenkt.

Um in den Genuss der positiven Wirkung zu kommen, sind wir nicht zwangsläufig auf einen anderen Menschen angewiesen. Durch eine Selbstmassage können wir uns regelmäßig selbst etwas Gutes tun. Gleichzeitig können wir dieses Ritual nutzen, um den eigenen Körper besser zu erspüren und später in Kontakt mit unserem Partner Griffe oder Körperstellen zu benennen, die eine besondere Wohltat in uns auslösen.

Selbstfürsorge ist die beste Vorsorge

Menschen, die es nicht gelernt haben, im Alltag gut für sich zu sorgen, nehmen sich den Wind selbst aus den Segeln. Denn sie richten sich mehr nach den Erwartungen anderer, anstatt die eigenen Werte

des Lebens zu meistern. Andere für unsere Unzufriedenheit verantwortlich zu machen verliert an Reiz und Notwendigkeit, denn wir haben das Ruder selbst in der Hand und können das Manöver wesentlich selbstbestimmter steuern. Meine Überzeugung in diesem Zusammenhang lautet:

>> *Nur wer gut für sich selbst sorgt, kann sein Bestes geben!* <<

und Bedürfnisse zu beachten. Dauerhaft macht dieser Zustand unzufrieden oder schlimmstenfalls krank. Wenn wir dagegen erkennen, was unser Wohlbefinden und unsere Lebensfreude fördert, und wir proaktiv dafür sorgen, mehr davon zu generieren, dann gewinnen wir Kraft und Energie, um die Herausforderungen

Finden Sie heraus, was Sie antreibt und glücklich macht oder was Sie daran hindert, selbstbestimmt zu sein und adäquat für sich zu sorgen. Mehr Impulse zu diesem Thema finden Sie in meinem Buch »Selbstbestimmung. Raus aus der Fremdbestimmung, rein ins selbstbestimmte Leben – ein Erfolgstraining«.

Inspiration: So sorge ich gut für mich selbst.

Erstellen Sie eine Liste an Dingen, die Ihnen Freude bereiten und die Sie sich öfter gönnen sollten. Das kann Ihre Lieblingsspeise sein, ein Hobby oder eine Unternehmung, die Sie lange hinausgezögert haben. Es können sowohl materielle wie auch ideelle Werte sein. Stellen Sie dabei sich selbst in den Fokus!

Selbstmassageübungen

Nehmen Sie sich mindestens zehn Minuten Zeit.
Begeben Sie sich in eine für Sie angenehme Sitzposition. Wärmen Sie Ihre Hände durch kreisförmiges
Gegeneinanderreiben auf und beginnen Sie achtsam
mit der Selbstmassage.

1. Kopfhaut massieren mit 10 Fingern.

2. Mit sanftem Druck den Mittelfinger über die
Augenbrauen von der Nasenwurzel nach außen
streichen; an den Schläfen mit Zeige-, Mittel-
und Ringfinger kreisen; Gesicht und Hals
flächig ausstreichen.

3. Nacken und Schultern kneten und
Arme ausstreichen, Seite wechseln.

4. Thymusdrüse mindestens
10 Sekunden lang mit den
Fäusten sanft klopfen, um
das Immunsystem zu
aktivieren. Sie befindet sich
hinter dem oberen Teil
des Brustbeins.

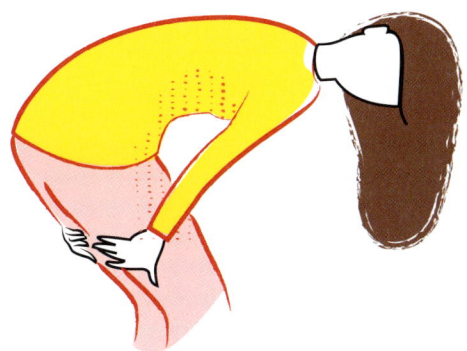

5. Unteren Rücken von der Mitte nach außen hin mit ganzer Hand ausstreichen.

6. Vor- und Rückseite der Beine mehrmals fließend ausstreichen.

7. Füße liebevoll mit Daumen und Handballen massieren und bis in die Zehenspitzen ausstreichen.

Wenn es Ihnen danach ist, können Sie die Selbstmassage mit achtsamen Bewegungen wie etwa Schulterkreisen, Kopfneigen oder Drehbewegungen der Wirbelsäule, Vor- oder sanftem Rückbeugen begleiten. Räkeln und strecken Sie sich genüsslich, gähnen Sie, wenn es Ihnen danach ist, oder seufzen Sie laut oder leise, um angestaute Spannung in Körper und Geist loszulassen. Schließen Sie während der Massage gerne Ihre Augen und atmen Sie bewusst durch die Nase ein und aus. Lassen Sie Ihre Gedanken dabei wie Wolken am Himmel vorüberziehen, ohne sie aufzugreifen. Passiert es dennoch, ärgern Sie sich nicht darüber; lassen Sie den Gedanken wieder los und kehren Sie zurück zum Atem und der Wahrnehmung der Berührung. Nehmen Sie sich Zeit, um der Wirkung dieser Übung achtsam nachzuspüren.

Hand grüßt Fuß: Hasta Pada Mudra

Unsere Füße tragen uns ein Leben lang durch die Welt und haben sich unsere Fürsorge mehr als verdient. Außerdem bilden sie unsere Basis und können so nicht nur unsere Körperhaltung, sondern auch unser Gangbild wesentlich beeinflussen. Ihre Gesundheit wirkt sich demnach auf den ganzen Körper aus. Eine schöne Übung, um insbesondere die Beweglichkeit der Zehen zu steigern und die Faszien, Muskeln und Sehnen der Füße zu dehnen, ist das yogische »Hasta

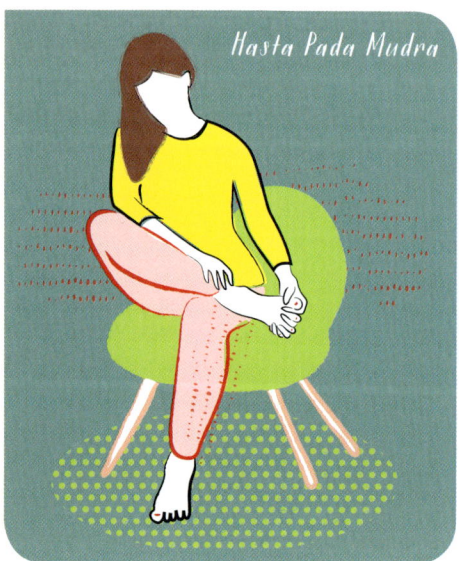

Hasta Pada Mudra

Pada Mudra«. Es handelt sich dabei um eine Geste, der zusätzlich eine harmonisierende Wirkung zugeschrieben wird. Dabei gehen Sie wie folgt vor:

Wählen Sie einen Sitz, bei dem Sie bequem mit den Händen an Ihre Füße kommen. Wenden Sie sich zunächst dem rechten Fuß zu. Greifen Sie mit den Fingern der linken Hand von der Fußsohle her kommend in die Zehenzwischenräume des rechten Fußes. Hand- und Fußballen schmiegen sich dabei aneinander. Ihre Zehen bleiben entspannt. Verweilen Sie einen Augenblick in dieser innigen Verbindung von Hand und Fuß. Wenn Sie mögen, können Sie Ihre Zehen sanft mit der Hand beugen und strecken.

Wiederholen Sie die Geste in gleicher Weise mit dem linken Fuß und der rechten Hand.

Tipp: Sollte Ihnen diese Übung unangenehm erscheinen, weil Sie nur schwer zwischen die Zehen greifen können, ist das ein Zeichen dafür, dass die Flexibilität eingeschränkt ist. Gerade dann brauchen Ihre Füße mehr Zuwendung. Sie sollten das Mudra regelmäßig wiederholen. Um es sich zu erleichtern, cremen Sie zuvor Ihre Hände etwas ein.

Mitgefühl als Schlüssel zum Herzen

Mitgefühl ist eine wichtige Ressource, die aus der Fähigkeit erwächst, mit sich selbst und mit anderen Lebewesen in Kontakt zu kommen und mit ihnen mitzufühlen. Ein wesentlicher Unterschied zwischen Mitfühlen und Mitleiden besteht darin, dass wir beim Mitfühlen das Gefühl des Gegenübers identifizieren, ohne uns selbst darin zu verstricken. So bleiben wir objektiv und können bei Bedarf unterstützend eingreifen. Leiden wir dagegen mit, ist unser Urteilsvermögen beeinträchtigt, da wir zu stark emotional beteiligt sind.

Selbstmitgefühl ist eine Hilfestellung, die wir uns selbst angedeihen lassen können, wenn wir erkannt haben, dass wir zu streng mit uns selbst sind oder uns überfordern. Sich in diesem Fall liebevoll selbst zu begegnen hilft uns, Verständnis für uns selbst anwachsen zu lassen.

Daher ist eine wichtige Verbindung, die wir zeitlebens pflegen sollten, die zu unserem Herzen. Das Herz als Resonanzorgan für Empathie und Mitgefühl hat einen großen Anteil daran, wie wir mit

Beispiel aus dem Coachingalltag

Nadine (43) hat in ihrer Herkunftsfamilie nicht gelernt, gut für sich zu sorgen. Dafür sorgte sie immer bestens für ihre Kinder und ihren Mann. Durch eine Krebserkrankung wird ihr klar, dass sie auch für ihr eigenes Wohlbefinden und ihre Gesundheit die Verantwortung trägt. Sie macht sich auf den Weg, ihre eigenen Wünsche und Sehnsüchte zu entdecken, und wird sich bewusst, dass das Leben mehr für sie bereithält, als nur für andere da zu sein.

Inzwischen hat Nadine gelernt, sich Auszeiten zu nehmen und sich selbst so zu behandeln wie eine wirklich gute Freundin – wertschätzend und mitfühlend. Sie treibt regelmäßig Sport und geht mit Freude ihrer neuen Leidenschaft, dem Töpfern, nach. Ihr Mann ist von ihrem Wandel sehr beeindruckt, denn durch Nadines hinzugewonnenen Selbstwert hat sich auch die Liebesbeziehung zwischen den beiden positiv verändert.

uns selbst und mit unserem Partner umgehen und welche Erwartungen wir hegen. Ist unser Herzraum verschlossen oder seine Tür gar verbarrikadiert, wird es uns schwerfallen (Selbst-)Liebe zu empfinden. In diesem Fall sollten wir nach und nach das Gerümpel, das den Zugang versperrt, wegräumen.

Mentalübung: Den Herzraum öffnen

Schauen wir uns das Ganze einmal etwas differenzierter in einer Übung an. Schalten Sie dazu störende Geräuschquellen aus und kommen Sie in eine bequeme und dennoch aufrechte Sitzposition. Legen Sie eine oder beide Hände übereinander sanft auf Ihr Herz. Schließen Sie Ihre Augen und versuchen Sie, Ihren Atem, sein Kommen und Gehen, ganz bewusst wahrzunehmen.

Im ersten Schritt visualisieren Sie Ihr Herz mit allem, was für Sie persönlich dazugehört. Vielleicht sehen Sie ein dreidimensionales Organ, das kraftvoll pulsiert, oder ein Herzsymbol. Richten Sie Ihre Aufmerksamkeit ganz bewusst auf Ihr Herz und beobachten Sie achtsam, was dabei passiert. Vielleicht tauchen Assoziationen oder eine Farbe auf, in der das Herz erstrahlt. Achten Sie dabei auf Ihr Gefühl. Wie fühlt sich Ihr Herz an: leicht und beschwingt oder dumpf und schwer? Wählen Sie einen eigenen Begriff für Ihr Empfinden aus.

Im zweiten Schritt stellen Sie sich Ihr Herz als einen begehbaren Raum vor. Bevor Sie ihn betreten, schauen Sie sich seine Tür einmal näher an: Ist sie groß oder klein? Wie ist sie beschaffen – aus Holz, Glas oder Stahl? Ist der Zugang einladend oder versperrt etwas den Weg? Räumen Sie es bei Bedarf weg. Öffnen Sie die Tür und schauen Sie neugierig hinein. Wie ist der Raum, den Sie jetzt betreten: gemütlich oder eher steril und kalt? Hell oder dunkel? Wie schaut seine Einrichtung aus? Kommen Ihnen Dinge bekannt und vertraut vor? Was dominiert den Raum oder sticht besonders heraus? Haben Sie das Gefühl, hier länger verweilen zu wollen?

Nehmen Sie sich die Zeit, die Sie brauchen, um den Raum zu erkunden und mit Ihrem Gefühl in Kontakt zu kommen. Vielleicht tauchen Bilder oder Sequenzen aus der Vergangenheit auf, die Ihre Stimmung positiv oder negativ beeinflussen. Vielleicht entdecken Sie Personen, die hier auf Sie warten. Wenn es für Sie passt, dann lassen Sie sich darauf ein. Wenn es Ihnen zu viel wird, dann ziehen Sie sich zurück und kommen ein nächstes Mal wieder. Denn hier in diesem Raum können Sie nicht nur Ihre Gefühle näher anschauen, sondern auch Ihre Selbstheilungskräfte aktivieren.

Im dritten und letzten Schritt sagen Sie »Ja« zu sich selbst, indem Sie innerlich einen kurzen prägnanten Satz formulieren, der Ihre Liebe und Ihr Vertrauen zu sich selbst ausdrückt. Er könnte wie folgt lauten: »Ich liebe und akzeptiere mich selbst und werde in Zukunft (weiterhin) gut für mich sorgen.«

Wenn Ihnen dieses Vorgehen schwerfällt und innerlich auf Widerstand stößt, können Sie alternativ einen Wunsch generieren. Denken Sie dabei an etwas, das Ihnen aktuell am meisten fehlt und das Sie sich aus vollem Herzen wünschen, wie zum Beispiel Gesundheit, Gelassenheit oder mehr Zeit für den Partner. Formulieren Sie auch dazu einen kurzen klaren Satz und wiederholen Sie diesen innerlich mehrmals. Dann lassen Sie ein letztes Mal Ihren Blick durch den Raum schweifen und verlassen ihn mit einem Lächeln

im Gesicht, wohl wissend, dass Sie jederzeit zurückkehren können.

Mit jedem Ihrer Besuche wird Ihnen der Zugang zu Ihrem Herzen leichterfallen. Und nur wenn Sie den Zugang offenhalten, können Herzensqualitäten wie Liebe, Mitgefühl, Wertschätzung und Dankbarkeit darin Platz finden und sich entfalten. Das wird Ihren Alltag und somit auch Ihre Partnerschaft sicher bereichern. Dennoch ist es wichtig und nun an der Zeit, Ihren Partner nach Möglichkeit mit ins Geschehen einzubeziehen.

Keine Angst vor Verletzlichkeit

Alle Menschen sind auf ihre Weise verletzlich – es gibt keinen Grund, sich davon ängstigen zu lassen. Besser ist es, unsere Schwächen und Verletzlichkeiten anzunehmen.

Allzu häufig verstecken wir unsere innere Verletzlichkeit hinter Mauern aus Coolness oder vorgetäuschter Kompetenz. Wir fragen uns, ob uns unser Gegenüber noch genauso respektieren oder lieben würde, wenn er über unsere Ängste und Selbstzweifel Bescheid wüsste. Dabei ist Verwundbarkeit kein Makel; sie ist etwas Wunderbares, weil sie uns zu dem macht, was wir sind: Menschen mit Stärken und Schwächen. Sie ist die Voraussetzung dafür, dass wir Vertrauen und Zuneigung entwickeln können, indem wir lernen, uns authentisch zu zeigen. Und wo sonst, wenn nicht bei meinem Partner, darf ich so sein, wie ich wirklich bin?

> » *Verletzlichkeit zu zeigen beruht auf Gegenseitigkeit und setzt Grenzen und Vertrauen voraus.* «
>
> Brené Brown

Sich ständig zu verbiegen oder nach Vollkommenheit zu streben macht auf Dauer nicht glücklich. Es stellt eine Beziehung auf wackelige Beine. Verletzlichkeit zu zeigen heißt dagegen, etwas von sich preiszugeben, dem anderen gegenüber die eigenen Gedanken und Gefühle zu äußern sowie Schwächen zuzugeben. Dieses Vorgehen beruht auf Gegenseitigkeit und setzt Grenzen und Vertrauen voraus. Erst

Wenn der Mensch, den wir lieben und mit dem wir emotional am stärksten verbunden sind, aufhört, sich für uns zu interessieren und in die Beziehung zu investieren, beginnen wir, an uns selbst zu zweifeln. Wir glauben, nicht mehr zu genügen. Der innere Kritiker meldet sich vehement zu Wort. Manche ziehen sich dann lautlos zurück und verkriechen sich innerlich, andere suchen verzweifelt nach Wegen, um Aufmerksamkeit zu erregen. Andere lassen emotional los und orientieren sich neu, ohne den Partner darüber in Kenntnis zu setzen. Um Verletzungen, die häufig daraus resultieren, für beide Seiten vorzubeugen, ist es wichtig, den Partner mit in die eigenen Gedanken einzubeziehen, noch bevor sich das Vertrauen aufzulösen beginnt. So lassen sich Missverständnisse ausräumen und für beide Seiten Klarheit schaffen. Eine berührende Übung, die diesen Prozess einleiten, begleiten oder ausleiten kann, ist die Geste des Vertrauens.

wenn ich glaube, dass ich einer Person vertrauen kann, gehe ich das Risiko ein, mich ihr zu offenbaren. Erwidert sie meinen Vorstoß und zeigt sich auch verletzlich, dann sind wir uns beide ein Stück nähergekommen. Zeigt sie dagegen Unverständnis oder geht auf mein Angebot nicht weiter ein, ziehe ich mich etwas zurück und wir entfremden uns unter Umständen voneinander.

Gegenseitiges Vertrauen ist eine unumgängliche Investition in eine Partnerschaft. Sollte Ihnen dieses im Laufe der Beziehung verloren gegangen sein, so ist es erforderlich, es wiederherzustellen.

Geste des Vertrauens: Ich schenke dir mein Vertrauen

Setzen Sie sich einander nah gegenüber auf Stühle oder im Schneidersitz auf den Boden. Legen Sie die Hände des Partners

Ich schenke dir mein Vertrauen

in Ihre und bringen Sie, wenn Sie mögen, Ihre Stirnen zusammen. Verweilen Sie eine Zeit lang wortlos. Nehmen Sie achtsam den Atem und die Berührungspunkte Ihres Gegenübers wahr, schließen Sie Ihre Augen und genießen Sie den Augenblick (siehe Abbildung).

Nach einer Weile richten Sie sich auf, öffnen Ihre Augen und schauen einander liebevoll an. Wenn Sie fortfahren möchten, stellen Sie als Nächstes eine achtsame Herz-an-Herz-Verbindung zu Ihrem Partner her.

Herz-an-Herz-Meditation: Berühre mein Herz

Legen Sie Ihre rechte Hand auf Ihr Herz und führen Sie Ihre linke Hand mit der Innenfläche in Brusthöhe mit der Ihres Partners zusammen. Dabei entsteht eine innige Verbindung, positive Energie kann fließen. Entscheiden Sie selbst, ob Sie einander dabei weiterhin liebevoll in die Augen schauen oder sie lieber schließen möchten, um intensiver spüren zu können.

Versuchen Sie, so wenig wie möglich in Ihre momentanen Gedanken zu investieren. Stattdessen nehmen Sie die Nähe, die aufgrund der Berührung intensiviert wird, bewusst wahr, ohne innerlich zu werten und dem Augenblick voraus zu sein.

Im nächsten Schritt wählen Sie gedanklich einen Wunsch des Wohlwollens für Ihren Partner aus, der auf seine momentane Situation zugeschnitten ist. Was glauben Sie, was Ihr Partner aktuell am meisten braucht? Formulieren Sie dieses Anliegen in einem kurzen prägnanten Satz. Angenommen, Ihr Partner kommt regelmäßig gestresst nach Hause und be-

richtet über Unstimmigkeiten oder Berge von Arbeit in der Firma und Ihre Intuition bestätigt Ihnen das. Sie haben sogar die Vermutung, dass dies das eigentliche Problem ist, unter dem Ihre Beziehung leidet. So können Sie den Satz wie folgt formulieren: »Möge …… gesund bleiben und den Alltagsstress, der ihr/ihm so viel Kraft raubt, besser in Griff bekommen.« Senden Sie diesen Wunsch mindestens drei Mal gedanklich aus, nehmen Sie einen tiefen und entspannten Atemzug, lösen Sie die Berührungspunkte auf und schauen Sie einander mit einem Lächeln im Gesicht an.

Tipp: Bei dieser Übung geschieht vieles ohne Worte, weil in der Regel eine intuitive Verbindung zwischen den Partnern vorhanden ist. Dennoch hat jeder sein eigenes Tempo. So ist es manchmal ratsam, wenn einer der beiden die Regie übernimmt und die Schritte ansagt.

Wenn Sie mögen, tauschen Sie sich danach zu dieser Übung aus oder beginnen Sie ein konstruktives Gespräch über das, was Sie bewegt oder Ihnen in der Beziehung Sorgen bereitet. Nennen Sie dabei nicht nur die Sachen, die nicht rundlaufen, sondern betonen Sie auch die guten Seiten. Mehr dazu im nächsten Kapitel.

Durch Beziehungspflege zweisam leben

Die gegensätzlichen Kräfte einer Beziehung

Eine Beziehung ist kein Selbstläufer – soll sie über die anfängliche stürmische Verliebtheit hinaus erhalten bleiben, müssen die Partner gemeinsam an ihr arbeiten.

Jetzt mal »Buddha bei die Fische«: Es ist nicht immer einfach, eine Beziehung am Blühen zu halten und sich daran zu erfreuen. Manch eine verliert an Pracht und Frische, noch bevor sie ihre volle Blüte entfaltet hat. Eine Beziehung unterliegt, wie alles andere im Leben auch, einem ständigen Wandel. Dieser Zyklus ähnelt den Jahreszeiten: Im Frühling bekommt sie neue Impulse und blüht auf. Es folgt ein heißer und leidenschaftlicher Sommer. Im Herbst hat der Alltagstrott uns wieder, wir lassen die Beziehungspflege schleifen. Meinungsverschiedenheiten türmen sich auf und bringen die Partnerschaft ins Wanken. Spätestens jetzt ist erneutes Aufeinanderzugehen angesagt,

sonst wird der Winter unangenehm lang und frostig. Und dann entscheiden wir immer wieder aufs Neue, ob der nächste Frühling kommen darf.

Auch wenn viele Paare sich vermutlich öfter mal ein bisschen mehr »Mallorca-Feeling« wünschen – heiße Sommer und milde Winter –, so muss eine stabile und glückliche Partnerschaft nicht immer nur harmonisch sein. Manchmal kann eine frische Brise bis hin zum Wirbelsturm das Beziehungspuzzle neu zusammensetzen. Daran können wir wachsen, wir müssen es nur aushalten und wieder einen gemeinsamen Weg finden. Was wir allerdings vermeiden sollten, ist ein Hurrikan,

sen im eigenen Leben und in dem des anderen und oft ist es nicht einfach, den Anschluss zum Partner zu behalten. Umso wichtiger ist es, »am Ball zu bleiben«, die Beziehung pfleglich zu behandeln und regelmäßig auf den neuesten Stand zu bringen. Zu erwarten, dass einfach alles immer so bleibt, wie es angefangen hat, ist unrealistisch. Lernen Sie, sich selbst und dem anderen Raum für Entwicklung zu geben.

Yoga als Weg zu mehr Achtsamkeit

Yoga ist einer der ältesten Übungswege, die sich mit dem Menschen in seiner Gesamtheit beschäftigen. Ursprünglich stammt er aus Indien und hatte eine spirituelle Ausrichtung. Heute wird er überwiegend losgelöst von religiösen und esoterischen Ansichten praktiziert. Sicher ist dies einer der Gründe dafür, dass immer mehr Menschen Yoga für sich entdecken und Gesundheitszentren ihn zunehmend in therapeutische Behandlungen integrieren. Inzwischen gibt es zahlreiche Studien, die seine positive Wirkung auf die physische und psychische Gesundheit bestätigen.

der alles, was uns bis dahin lieb und teuer war, aus den Angeln hebt und mit unvorhersehbaren Kollateralschäden fortweht.

> **»** *Das Leben ist ein Fluss und alles ändert sich.* **«**
>
> *Jack Kornfield*

Da das Leben ständig in Bewegung ist, ist es völlig normal, dass auch Beziehungen sich ständig verändern. Schließlich ändern sich auch die beteiligten Personen. Paare, die über lange Jahre zusammen sind, erleben wichtige Entwicklungspha-

Für die meisten Praktizierenden im Westen dient der Yoga der Entschleunigung und inneren Sammlung. Er steht im Kontrast zu dem meist stressigen Alltag und hilft den Übenden, aus eigenem Antrieb zur Ruhe zu kommen und die persönliche Mitte zu finden. Je nach Ausrichtung stehen entweder körperliche oder mentale Aspekte mehr im Vordergrund.

Dabei gehört der Hatha Yoga zu den populärsten Yogastilen weltweit. Er ist ein Übungsweg, bei dem Achtsamkeit und Bewegung miteinander verschmelzen. Zu seinen drei Teilbereichen gehören Körperhaltungen, Atemübungen und Meditationen. Die beiden Silben »ha« und »tha« symbolisieren die Polaritäten des Lebens, die einander ergänzen und nur gemeinsam zu einem Gleichgewicht der entgegengesetzten Kräfte führen können.

HA steht unter anderem für folgende Attribute:

- Sonne
- männlich
- rechts
- Kraft
- Anspannung

THA steht unter anderem für folgende Attribute:

- Mond
- weiblich
- links
- Entspannung
- Ruhe

Jeder von uns trägt Sonnen- und Mondanteile in sich. So wird Weichheit dem weiblichen Geschlecht zugeordnet, Härte dagegen dem männlichen. Doch sie drücken sich nicht nur im Geschlechter- und Rollenverhalten aus, sondern auch in der Persönlichkeit einer einzigen Person. Beide sind in einem Menschen vereint und kommen abhängig von der Genetik und den persönlichen Lebensumständen in einer Situation mehr oder weniger zur Geltung. Sie beeinflussen unser Denken und Handeln. Wenn wir ihnen mit Achtsamkeit begegnen, werden sie uns bewusst. Im Alltag gibt es regelmäßig Zeiten, in denen auch in der Paarbeziehung die eine oder andere Kraft dominiert. Sofern sich die beiden Pole gegenseitig anziehen und langfristig in einer gesunden Wechselbeziehung befinden, sind die Spannungen, die dabei entstehen können, mehr bereichernd als schädigend.

Sind Sie eher

der Sonnenheld oder
die Mondgöttin?

Schätzen Sie sich selbst ein: In welchen Situationen sind Sie eher stark und widerstandsfähig (HA), wann eher weich und empfindsam (THA)?

Welche grundsätzlichen Themen lösen in Ihnen Anspannung aus?

Aufgepasst! Werten Sie die Anspannung nicht. Denn so wie Stress sowohl positive als auch negative Auswirkungen haben kann, so kann das HA ebenfalls beide Ausrichtungen haben – Kraft zum Wachsen und Gedeihen ebenso wie Aggressivität, die Energie mindert. Betrachten Sie beide Seiten der Medaille.

Was löst in Ihnen Ruhe, Entspannung und Gelassenheit aus?

Vorsicht Falle! Auch das THA kann sich negativ auswirken und sich z. B. als Trägheit (dazu mehr im dritten Kapitel) oder Gleichgültigkeit äußern. Loten Sie beides aus. Tauschen Sie sich mit Ihrem Partner aus und benennen Sie die Wesenszüge, die die unterschiedlichen Kräfte zum Ausdruck bringen. Machen Sie es mit Freude und Humor. Es spricht nichts dagegen, dabei gemeinsam zu witzeln und zu lachen.

Tipp: Manchmal ist es hilfreich, die eigenen Charaktereigenschaften oder die des Partners überzogen darzustellen, um sie deutlicher zum Ausdruck zu bringen und dem Gegenüber verständlicher zu machen. Die Voraussetzung dafür ist, dass sich beide Seiten selbst und gegenseitig auf die Schippe nehmen dürfen und keiner dem anderen das übelnimmt.

Partneryoga: Ich stärke dir den Rücken

Solange wechselseitiges Geben und Nehmen in einer Beziehung vorherrschen, ist alles im Fluss, wenn auch nicht zwingend in bester Ordnung. Die folgende Übungsreihe wirkt ausgleichend und kann die beiden Gemüter durch bewusstes Aufeinandereinlassen in der Bewegung harmonisieren. Sie symbolisiert die Bereitschaft, in der Partnerschaft flexibel zu bleiben und dennoch dem anderen Halt zu geben.

1. Setzen Sie sich im Schneidersitz Rücken an Rücken, breiten Sie beide Arme in Schulterhöhe aus und heben Sie sanft Ihr Brustbein. Nehmen Sie in dieser Position ein paar tiefe Atemzüge durch die Nase.

2. Neigen Sie sich gemeinsam zur gleichen Seite und bringen Sie dabei die Flanke der gegenüberliegenden Körperseite in Dehnung. Kommen Sie wieder zurück in die Mitte. Wiederholen Sie die Bewegung in gleicher Weise zur anderen Seite.

3. Zurück in der Mitte drehen Sie sich gemeinsam wie ein Korkenzieher nach rechts in den Drehsitz und legen Ihre Hände auf den Oberschenkeln ab. Heben Sie Ihre Arme und kommen Sie wieder in der Mitte an. Wiederholen Sie die Übung zur anderen Seite.

4. Strecken Sie nun beide Beine aus. Einer der Partner verschränkt die Arme am Kopf und neigt den Rumpf nach hinten in die Rückbeuge, während der andere die Arme senkt und in die Vorbeuge geht. Gehen Sie zurück zur Mitte. Wechsel zwischen den Partnern in der Vor- und Rückbeuge.

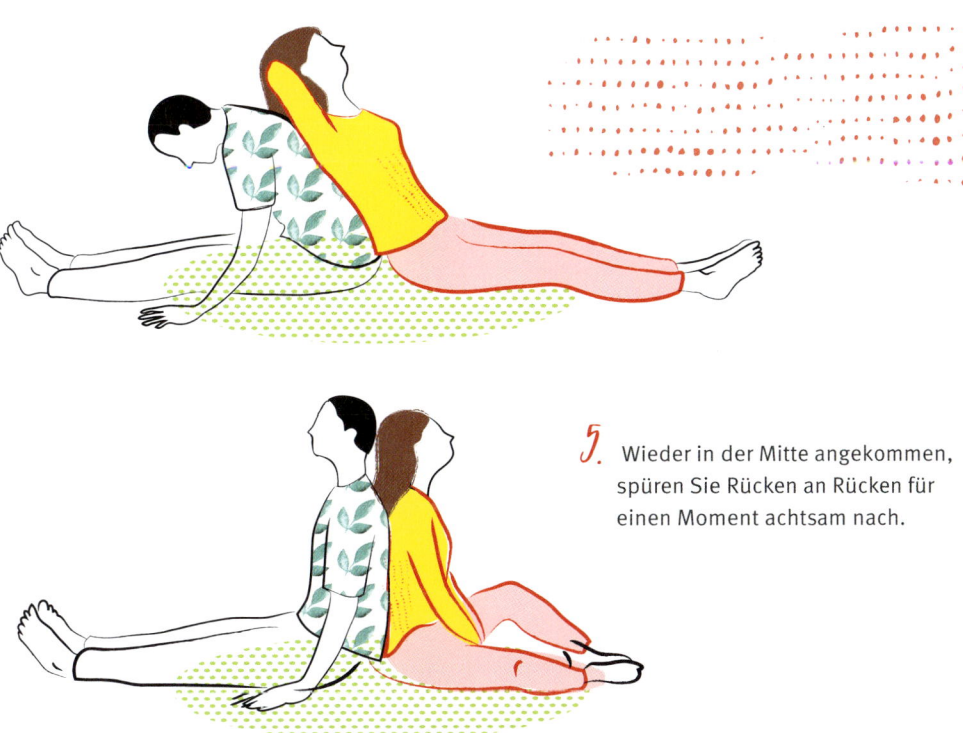

5. Wieder in der Mitte angekommen, spüren Sie Rücken an Rücken für einen Moment achtsam nach.

Tipp: Im Yoga wird die Bewegung mit dem Atem synchronisiert und auf diese Weise die Achtsamkeit gefördert. Denn der Atem (prana) wird in der Yogaphilosophie als Lebensenergie verstanden, die den Körper mit dem Geist verbindet. Um von diesem Prozess zu profitieren, atmen Sie in der Aufrichtung bewusst und tief durch die Nase ein und gehen mit einem langen und gleichmäßigen Ausatmen in die einzelnen Positionen.

Achtsame Paar- kommunikation

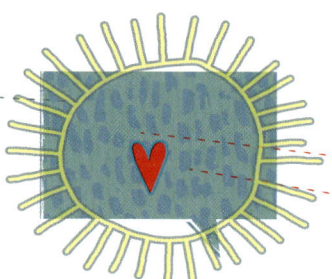

Mangelnde Kommunikation ist der Beziehungskiller Nummer eins. Umso wichtiger ist es, sich immer wieder auf eine achtsame Kommunikation mit dem Gegenüber zu besinnen.

Hand aufs Herz, die meisten Beziehungen scheitern doch eher an der falschen bis fehlenden Kommunikation als an der Andersartigkeit der Partner. Vielleicht haben Sie inzwischen bemerkt, dass Verschiedenheiten der Partner bis hin zu Gegensätzlichkeiten sehr bereichernd sein können, sofern man sich auf einen gemeinsamen Weg einigt. Wenn sich jedoch die Fronten in einer Beziehung einmal verhärtet haben, wird Kommunikation zur beinahe schwersten Sache der Welt. Dabei geht es nicht um die Quantität, sondern vielmehr um die Qualität. Denn es kommt nicht darauf an, dem Partner stundenlang die Worte wie Pfeile um die Ohren zu schießen, sondern klare Bot-

schaften zu senden, damit der andere Ihren Standpunkt versteht. Missverständnisse passieren oft, wenn wir in unserer inneren Haltung unklar sind und diese Unklarheit verbal transportieren. So entsteht ein Spielraum für eventuell seitens des Zuhörers sogar gut gemeinte Interpretationen. Meistens kommt es dann zu Missverständnissen und Schwierigkeiten, die nur in einem achtsamen Gespräch geklärt werden können.

Wie oft am Tag nehmen Sie sich Zeit, um sich mit Ihrem Lebenspartner in Ruhe auszutauschen? Häufig geht es bei der Kommunikation darum, im Schnelldurchlauf Zuständigkeiten und Aufgaben zu

dabei um aufmerksames und unvoreingenommenes Zuhören. Als Sprecher verwenden Sie Ich-Botschaften, in denen Sie Ihre Erlebnisse des Tages und Gedanken mit dem Partner teilen, die guten wie die schlechten. Lassen Sie eine bewusste Begegnung auf Augenhöhe daraus entstehen. Das ist nur möglich, wenn wir im gegenwärtigen Augenblick präsent sind und dem Partner zugewandt. Selbst wenn dafür nur ein verhältnismäßig kleines Zeitfenster bleibt, so ist es ein kostbares Aufeinandertreffen, das die Beziehung lebendig hält. Wenn es sein muss, verabreden Sie sich dafür. Machen Sie es zu einem alltäglichen Ritual. Nehmen Sie sich dabei in den Arm oder an die Hand, wenn der Moment es hergibt. Schaffen Sie zusätzlich Nähe durch Berührung. So halten Sie sich gegenseitig auf dem Laufenden, was den anderen bewegt, beflügelt oder bedrückt, und können die Stimmungen, die bestimmte Situationen begleiten, besser verstehen.

klären, insbesondere wenn Kinder oder pflegebedürftige Angehörige mit in den Tagesablauf eingebunden sind. Wer holt das Kind von der Schule ab, wer fährt es zum Fußball und wer erledigt für Oma eben noch den Einkauf und schaut schnell bei ihr vorbei? Je nach Lebensumständen ist der Alltag vollgestopft mit solchen oder ähnlichen Aufgaben. Da bleibt häufig wenig Kraft und Raum, einander achtsam zu begegnen. Dabei ist gerade das die einfachste und wichtigste Übung des Tages. Sie gibt uns die Gewissheit, dass der andere da ist, mitfühlt und uns versteht.

Gelebte Achtsamkeit kann immer eine wertvolle Hilfestellung leisten. Es geht

Beziehungs-Check-up

Die folgende Übung ist eine wunderbare Möglichkeit, zunächst selbst zu reflektieren und im nächsten Schritt miteinander ins Gespräch zu kommen. Sie ist sehr gut

Wie gut läuft Ihre Beziehungskommunikation?

1. Werfen Sie Ihrem Partner beim Vorbeigehen einige kurze Sätze zu und erfragen Sie später, ob er sich noch daran erinnert.

2. Schauen Sie bewusst weg und tun Sie beschäftigt, wenn Ihr Partner das nächste Mal ein Gespräch beginnt. Lösen Sie die Situation bald auf und fragen Sie ihn, wie er sich dabei gefühlt hat, Sie so desinteressiert zu sehen.

Üben Sie sich in bewusster Präsenz, dann werden Ihnen auch die Zwischentöne in den Botschaften nicht entgehen. Denn das, was wir sagen wollen, drücken wir nicht nur verbal aus, sondern auch über den Tonfall, die Gestik und die Mimik.

dazu geeignet, um in regelmäßigen Abständen den aktuellen Status quo der Beziehung abzufragen. Betrachten Sie diese Abfrage als Prävention. Denn wenn Sie bereits an kleinen Stolperfallen arbeiten und diese nicht zu großen werden lassen, dann beugen Sie schon im Vorfeld Tiefpunkten und Beziehungskrisen vor.

Stellen Sie sich folgende Fragen:
- Was in Ihrer Beziehung läuft richtig gut?
- Was schätzen Sie an Ihrem Partner besonders?
- Was würden Sie vermissen, wenn er/sie einmal für länger verreisen würde?

Und nun die Gegenfragen:
- Was in Ihrer Beziehung läuft nicht rund?
- Wonach sehnen Sie sich am meisten?
- Welche Eigenschaften Ihres Partners machen Ihnen das Leben schwer?

Schreiben Sie die Antworten auf, arbeiten Sie nach Möglichkeit Details aus und belegen Sie diese mit konkreten Beispielen. Um Stress zu vermeiden, lassen Sie sich ruhig etwas Zeit dabei. Das können durchaus auch mehrere Tage sein, in denen Sie sich intensiv mit der Suche nach den Antworten befassen. Klammern Sie

Vorwürfe aus, denn sie erzeugen Widerstand.

Zu einem zuvor verabredeten Zeitpunkt tauschen Sie Ihre Überlegungen im Gespräch aus. Wählen Sie dabei Ihre Worte mit Bedacht. Gehen Sie als Zuhörer nicht direkt in die Offensive, wenn Ihnen etwas nicht passt oder Sie sich ungerecht beurteilt fühlen. Lassen Sie die Meinungen Ihres Gegenübers in Ruhe auf sich wirken und stellen Sie dann Ihren Standpunkt dar.

Tipp: Wenn es Ihnen lieber ist, verfassen Sie einen Liebesbrief an Ihren Partner, der genau die Antworten auf die oben genannten Fragen beinhaltet. Drücken Sie Ihre Liebe und Wertschätzung darin aus und sprechen Sie Ihre Sichtweise der Dinge und die wunden Punkte mutig an.

Diese Fragen sollten Sie in jedem Fall in einem gemeinsamen Gespräch diskutieren:
- Welche Aussage hat Sie am meisten positiv berührt, welche negativ überrascht?
- Wo sehen Sie das Potenzial, sich wieder einander anzunähern?
- Was sind Sie zu diesem Zeitpunkt bereit, in Angriff zu nehmen und zu ändern?

Vielleicht ist Ihnen durch die Checkliste zum ersten Mal bewusst geworden, wie viel Gutes in Ihrer Beziehung steckt und welche Dinge positiv laufen. Das wäre ein Volltreffer! So ändert sich manchmal die Wahrnehmung. Wenn wir unsere Aufmerksamkeit im Wesentlichen auf das Negative richten, dann haben wir schnell das Gefühl, dass etwas aus dem Ruder läuft. Richten wir dagegen unsere Wahrnehmung auf das Gute und Wertvolle in einer Beziehung, dann erscheint das Unvollkommene häufig in einem anderen Licht.

> **》** *Ganz gleich wofür wir uns im Leben entscheiden, die Energie folgt der Aufmerksamkeit. Denn die Kraft der Gedanken ist stärker, als wir glauben.* **《**

Wenn Sie allerdings viele Unstimmigkeiten und Baustellen durch diese Übung entdeckt haben, dann lassen Sie keinesfalls den Kopf hängen. Stellen Sie gemeinsam eine Prioritätenliste auf, treffen Sie verbindliche Absprachen und nehmen Sie sich einen Punkt nach dem andern vor, um gemeinsam daran zu arbeiten. Erwarten Sie nicht, dass sich Probleme über Nacht auflösen, nur weil Sie einmal darüber gesprochen haben. Trotzdem kann vieles unerwartet passieren, weil man die Standpunkte geklärt und vielleicht schon die ersten gemeinsamen Ziele anvisiert hat – dazu später mehr. Wenn Sie allerdings ins Tun kommen und bald merken, dass Ihre Beziehung an Aufwind gewinnt, werden Sie Motivation für weitere Schritte schöpfen. Denn Liebe ist kein Märchen voller Verzückung, auch wenn uns Filme und Romane, die viele von uns so mögen, dieses glauben lassen. Liebe ist Verbindlichkeit und sie kann wachsen, wenn Sie sie nur lassen. Sie kann verletzen und sie kann einem Flügel verleihen. Sie lässt sich verdrängen und wegschieben. Und sie lässt sich auch neu entfachen. Es kommt immer darauf an, was Sie daraus machen. Keiner von uns ist perfekt. Zu erkennen, dass Traumprinzen und Traumprinzessinnen nur in der Fantasie existieren, ist eine wichtige Einsicht, die uns helfen kann, sich mit den eigenen Schwächen und denen des Partners auszusöhnen.

So überraschen Sie Ihren Partner

Es gibt viele **originelle Ideen**, mit denen Sie Ihren Partner überraschen können.

Hier finden Sie eine kleine Auswahl:

Schreiben Sie eine Einladung zum *gemeinsamen Abendessen* mit Kreide auf die Einfahrt vor Ihrem Haus.

Schreiben Sie Ihrem Partner eine *Liebesbotschaft* und verstecken Sie diese als Lesezeichen in dem Buch, das er gerade liest, oder in seinem Terminkalender.

Führen Sie Ihren Partner zum Geburtstag oder an Ihrem *Hochzeitstag* an einen ganz besonderen Ort oder zu einer ausgefallenen Unternehmung aus. Nehmen Sie sich an dem *Tag frei* und bitten Sie Ihren Liebsten, es ebenfalls zu tun. Verraten Sie am besten nichts, bis Sie angekommen sind.

Schenken Sie Ihrem Partner einen Bademantel oder ein Saunatuch und verstecken Sie eine *Einladung in die Therme* darin. Gönnen Sie sich auf diese Weise einen gemeinsamen Kurzurlaub.

So sagen Sie »Ich liebe dich« auf

Italenisch:
TI AMO

Russisch:
Ja ljublju tebja

Japanisch:
Watashiwaanata o aishite

Hawaiisch:
Alohawauiaoe

Sich entschuldigen, verzeihen und loslassen

Bei Kleinigkeiten huscht einem schnell eine Entschuldigung über die Lippen, wenn man zum Beispiel beim Vorbeigehen jemanden zufällig angerempelt hat. Manchmal entschuldigen wir uns sogar in Situationen, die dies gar nicht erfordern: »Entschuldigung, ich habe Sie akustisch nicht verstanden. Können Sie es wiederholen?« Aber nach einem echten Fehltritt, in für uns wichtigen Situationen mit für uns wichtigen Menschen, fällt es uns so furchtbar schwer, eine Entschuldigung auszusprechen. Vielleicht weil wir genau wissen, dass es bei dieser Angelegenheit mit einem einfachen »Tut mir leid« nicht getan ist.

Niemand gibt seine Fehler mit Freude zu oder entschuldigt sich gerne, insbesondere wenn dabei eine Partnerschaft auf dem Spiel steht und der Ausgang ungewiss ist. Das ist nichts Ungewöhnliches. Da müssen wir erst über unseren Schatten springen und unsere Scham oder unseren Stolz besiegen. Manchmal ist dies allerdings absolut notwendig, um eine vertrauensvolle Beziehung wiederherzustellen. Auch wenn keiner von uns perfekt ist – aus eigenen Fehlern zu lernen

ist eine Notwendigkeit, um sich im Leben weiterzuentwickeln. Sich Fehler einzugestehen und dafür die volle Verantwortung zu tragen ist der erste und wichtigste Schritt dazu.

So entschuldigen Sie sich richtig

- Bleiben Sie aufrichtig, denn nur eine ehrliche Entschuldigung trifft den Kern.
- Suchen Sie keine Ausrede für Ihr Fehlverhalten. Mit unglücklichen Umständen zu argumentieren oder gleich dem Partner die Schuld zuzuweisen, verfehlt die Wirkung.
- Spielen Sie Ihren Fehler nicht herunter. Versuchen Sie, ihn im Rahmen Ihrer Partnerschaft realistisch einzuschätzen, und tragen Sie die Konsequenzen.
- Wenn es passt, bieten Sie eine mögliche Wiedergutmachung an. Hier dürfen Sie kreativ sein.
- Entschuldigen Sie sich möglichst zeitnah nach dem Geschehen, denn je länger Sie warten, desto schwieriger wird es. Manchmal ist es auch sinnvoll, sich für etwas zu entschuldigen, das eventuell gar nicht ans Licht gekommen wäre, wenn man es nicht selbst ausgesprochen hätte. Damit erleichtert man nicht nur sein schlechtes Gewissen, sondern zeigt zugleich, wie wichtig einem eine

gesunde und vertrauensvolle Beziehung zum Partner ist. Selbst wenn Sie einmal davon überzeugt sind, nicht allein an einer Sache schuld zu sein – machen Sie den ersten Schritt, statt darauf zu warten, dass Ihr Gegenüber es tut. Denn sonst warten Sie vielleicht vergeblich und davon wird die Lage auch nicht besser.

Auch das Verzeihen trotz einer Entschuldigung ist nicht immer einfach. Nicht alles, was den Eindruck macht, verziehen worden zu sein, ist tatsächlich vergessen. Das muss es auch nicht. Denn große Vertrauensbrüche sind nicht so einfach vom Tisch zu wischen. Trotzdem ist es für beide Seiten sehr wichtig, Frieden mit Verletzungen zu schließen, um sich erneut aufeinander einlassen zu können.

>> *Lerne loszulassen, das ist der Schlüssel zum Glück.* <<

Buddha

Alle Kränkungen, die wir festhalten, liegen uns häufig wie ein schwerer Stein im Magen. Auf lange Sicht gesehen trüben sie unsere Lebensfreude. Solange wir die Verbitterung und den damit verbunde-nen Schmerz nicht loslassen, können sich die Wunden nicht schließen und heilen. Machen wir uns nichts vor, so ist kein Neuanfang möglich.

Tipp: Ein Neuanfang sollte immer achtsam sein, aber dennoch entschieden. Denn ein vages »Vielleicht« lässt meist mehr zweifeln als hoffen.

Fairerweise muss ich gestehen, dass es auch Menschen gibt, die sehr sensibel auf Meinungsverschiedenheiten reagieren und Differenzen schnell persönlich nehmen. Manchmal hat das etwas mit dem eigenen Selbstwert zu tun und dem Gefühl, nicht zu genügen, wobei wir dann wieder im ersten Kapitel wären. Gelegentlich handelt es sich dabei um eine extreme Dünnhäutigkeit, die beide Geschlechter betrifft. Somit ist auch hier Achtsamkeit gefragt. Wenn Sie der Spezies angehören, die gerne aus einer Mücke einen Elefanten macht und nach jeder Streitigkeit beleidigte Leberwurst spielt, dann wägen Sie mit Bedacht ab, bevor Sie immerzu eine Entschuldigung von Ihrem Partner einfordern.

Ansonsten gilt die Devise: lieber eine Entschuldigung zu viel als eine zu wenig!

Sich gegenseitig Zeit und Berührung schenken

Körperliche Nähe gehört zu den wichtigsten Stützen einer gesunden Beziehung. Gehen Sie darum sehr bewusst damit um und nutzen Sie sie als Werkzeug zur Beziehungspflege.

Berührung, die mit Liebe und Geborgenheit assoziiert wird, hat eine erstaunlich positive Auswirkung auf unsere Gesundheit und unser Wohlbefinden. Das kann vermutlich jeder intuitiv bestätigen, aber auch zahlreiche wissenschaftliche Studien belegen es. Der Mensch ist ein soziales Wesen und auf das Zusammenleben mit anderen angewiesen, egal ob er in einer festen Beziehung lebt oder nicht. Dass wir heute in Zeiten zunehmender Isolation leben, beweisen nicht nur die vielen älteren Menschen, die in Altenheimen oder Pflegeeinrichtungen untergebracht sind. Auch die große Anzahl an Partnerbörsen und Online-Dating-Portalen spricht eine eindeutige Sprache. Sie alle machen ihr Geschäft mit der Sehnsucht nach Zärtlichkeit und Liebe. Damit möchte ich sie nicht schlechtmachen. Ich möchte vielmehr darauf hinweisen, dass Einsamkeit ein echtes Problem ist.

Leider fühlen sich viele Frauen und Männer, die in einer langjährigen Paarbeziehung leben, ebenfalls einsam, von ihrem Partner unbeachtet und emotional verlassen. Dieser Zustand ist sehr schmerzvoll und auf Dauer nicht gut zu ertragen. Ein bloßes Nebeneinanderleben ohne richtige Nähe und intensiven Kontakt führt zwangsläufig zu Einsamkeit. Wir beginnen an der Aufrichtigkeit der Gefühle unseres Partners zu zweifeln, machen

Diese Zärtlichkeiten können erstaunlich viel Intimität (wieder)herstellen, mehr als Worte es in der gleichen Zeit schaffen. Als Zwischentöne im meist berührungsarmen Alltag wirken sie wie Verstärker positiver Gefühle. Grund dafür ist der Tastsinn, der einen großen Einfluss auf unser Wohlbefinden hat. Dieser ist der erste, der sich beim Embryo entwickelt. Umgekehrt bleibt er uns im Alter erhalten, wenn Seh- und Hörfähigkeit längst abgenommen haben.

Beeinflusst durch die Haptikforschung hat die Industrie das Bedürfnis längst erkannt und setzt fühlbare Produkteigenschaften gezielt dazu ein, unsere Kaufentscheidung positiv zu beeinflussen.

Eine sexuelle Berührung geht meist mit einer Aufforderung einher, eine einfühlsame dagegen mit einer Einladung zum Genießen, Annehmen und Fallenlassen. Je mehr wir davon bekommen, desto besser geht es uns. Auch wenn jeder ein anderes Bedürfnis danach hat, zu berühren und berührt zu werden, brauchen wir unbedingt angenehmen Körperkontakt, um uns geborgen und wohlzufühlen. Wir haben es also im wortwörtlichen Sinn selbst in der Hand.

uns Gedanken darüber, ob es nicht besser wäre, die Beziehung zu beenden. Dabei finden wir immer mehr Indizien dafür, dass es für die wahre Liebe bis ans Lebensende nicht mehr reicht. Wozu also warten? Mischen sich zusätzlich Lieblosigkeiten wie mangelnder Respekt oder ablehnende Bemerkungen dazu, wird es daheim erst einmal richtig ungemütlich. Doch so weit muss es nicht kommen.

Wenn man Paare danach fragt, was ihnen in ihrer Beziehung am meisten fehlt, ist es selten der Sex, sondern meist die körperliche Nähe und Berührung: Umarmungen, und Streicheleinheiten zwischendurch.

Thai-Yoga-Partnermassage

Thai-Yoga-Massage stellt eine hervorragende und leicht zu lernende Möglichkeit dar, miteinander in achtsame Berührung zu kommen. Sie findet bekleidet auf einer Bodenmatte statt. Dabei werden sogenannte Sen-Linien bearbeitet, um die Energie im Körper zum Fließen zu bringen und auszugleichen. Das übergeordnete Ziel ist die Förderung der körperlichen und geistigen Gesundheit. Das Hauptaugenmerk unserer Übungssequenz liegt in erster Line im Loslassen von Spannungen und Zulassen von Genuss. Hier finden Sie nur einen kleinen Auszug aus der Fülle an Übungsvarianten und Möglichkeiten, die der Thai Yoga, auch passiver Yoga genannt, bereithält.

Zunächst entscheiden Sie, wer als Erster Empfangender und wer Gebender ist.

Der Empfangende legt sich bekleidet auf eine auf dem Boden liegende Matte oder Decke. Zur Entlastung des unteren Rückens können Sie sich gerne ein kleines Kissen unter Ihr Becken legen. Ihr Kopf zeigt zur Seite.

Einstimmung (Dauer: ca. 3 min) Als Gebender begeben Sie sich an der Rumpf-seite Ihres Partners in einen aufrechten Fersensitz. Schließen Sie für einige Atemzüge Ihre Augen. Diese Vorbereitung dient der Sammlung und Zentrierung. Wenn Sie mögen, falten Sie dazu Ihre Hände in Gebetshaltung, die im Yoga als Grußgeste verstanden wird und den Namen »Namaskara Mudra trägt« ①.

Ausführung in Bauchlage (Dauer: 5–7 min)
Wärmen Sie Ihre Hände durch Reibung auf. Um Vertrauen aufzubauen, legen Sie beide Hände achtsam auf den unteren Rücken des Partners und verweilen Sie dort einen Moment lang. Verbinden Sie sich über die Berührung mit Ihrem Partner.

Rücken: Setzen Sie nun aus dem Kniestand ein Bein über Ihren Partner hinweg und stellen Sie Ihren Fuß auf. Ihre Hände legen Sie flächig rechts und links von der Wirbelsäule auf den unteren Rücken, dabei zeigen Ihre Finger nach außen ②. Mit Gewichtsverlagerung in leichte Vorbeuge und zurück, die einen wechselnden Druck der Handballen bewirkt, wandern Sie in kleinen Schritten den Rücken hinauf und hinunter. Achten Sie darauf, dass sich zwischen Ihren Handballen ein schmaler Korridor bildet, damit Sie keinen unangenehmen Druck auf die Dornfortsätze ausüben. Alternativ können Sie den Druck

auch mit beiden Handballen gleichzeitig ausführen oder die Energielinien, die parallel der Wirbelsäule verlaufen, auch mit den Daumen bearbeiten.

Streichen (das heißt mit leichtem Druck führen) Sie abschließend den Rücken Ihres Partners mit beiden Händen mehrmals von oben nach unten aus. Dann bitten Sie Ihren Partner, sich auf den Rücken zu drehen.

Ausführung in Rückenlage (Dauer etwa 20 min) In Rückenlage wenden wir uns den Händen und Füßen zu. Die Energielinien verlaufen von der Ferse bzw. den Handballen fächerförmig zu den Zehen bzw. zu den Fingern. Durch ihre Behandlung schenken wir unserem Partner tiefe Entspannung und Genuss.

Je nach Bedarf können der Kopf oder die Knie des Empfangenden unterlagert werden. Die Arme liegen in einem angenehmen Abstand zum Rumpf, die Beine sind bequem geöffnet. Diese Position wird im Yoga »Savasana« genannt und hauptsächlich zum Entspannen eingenommen.

Hand: Beginnen Sie an der rechten Körperseite mit der rechten Hand. Positionieren Sie sich dafür, wenn möglich kniend, daneben. Streichen Sie die einzelnen Finger von der Handinnenfläche nach außen aus. Legen Sie die Hand Ihres Partners in Ihre und üben Sie in kreisenden Bewegungen mit dem Handballen Ihrer anderen Hand Druck auf die Handinnenfläche Ihres Partners aus ①. Umgreifen Sie die Hand Ihres Partners mit Ihren beiden Händen und streichen Sie mit Ihren Daumen die Handinnenfläche und den Handrücken Ihres Partners aus ②.

Dann wenden Sie sich der anderen Hand zu.

Fuß: Von der linken Hand wechseln Sie zum linken Fuß. Umfassen Sie mit einer Hand die Ferse und streichen Sie mit dem Handballen der anderen Hand die Fußsohle von den Zehen abwärts. Setzen Sie auch Ihre Daumen ein, um die Sen-Linien an der Fußsohle punktuell zu bearbeiten ③. Streichen Sie den Fußrücken und die einzelnen Zehen aus ④.

Dann wenden Sie sich dem rechten Fuß zu. Ich empfehle Ihnen, für die Behandlung der Füße die Strümpfe auszuziehen.

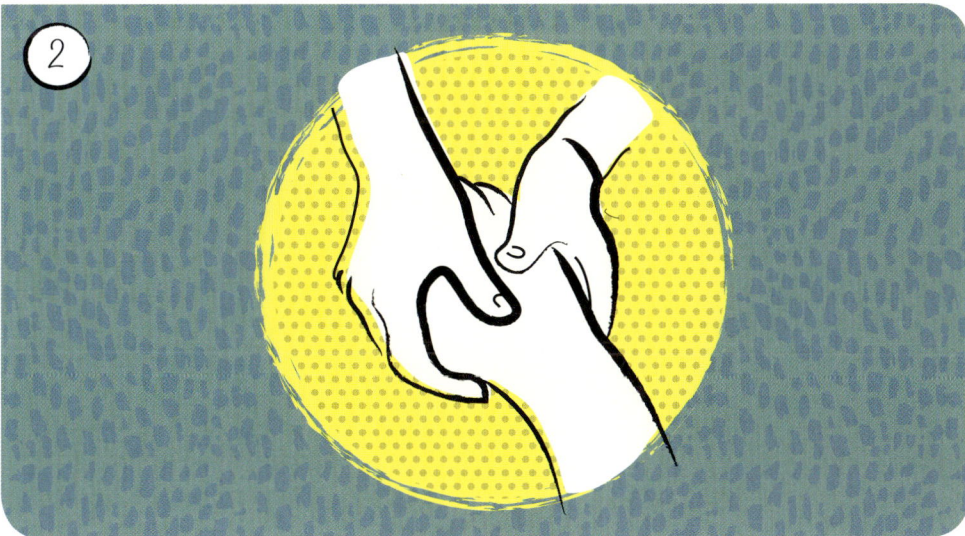

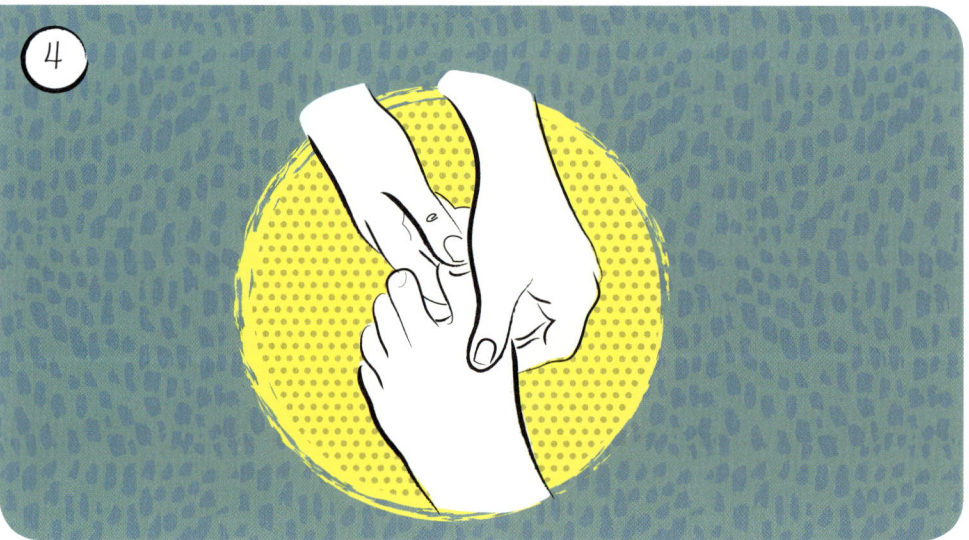

Ausklang: Abschließend nehmen Sie die gleiche Position ein, in der Sie die Massage begonnen haben (seitlich vom Partner kniend), und legen Ihre Hände sanft auf den Bauchnabel Ihres Partners, dem Sie den Auftrag geben, tief in den Bauch hinein zu atmen. Durch Ihre Berührung unterstützen Sie nicht nur die Atembewegung, sondern aktivieren gleichzeitig zwei Energiezentren, die sich jeweils zwei Fingerbreit unter- und oberhalb des Bauchnabels befinden. Das untere Energiezentrum, im Yoga auch »Chakra« genannt, wird als »Sakralchakra« bezeichnet und hat Sexualität, Sinnlichkeit und Kreativität als zentrales Thema. Das obere Energiezentrum, das als »Nabelchakra« bezeichnet wird, steht stellvertretend für Selbstvertrauen, Gefühle und Willenskraft.

Nach gefühlten drei Minuten lösen Sie den Kontakt langsam auf, schließen auch für sich durch eine kurze mentale Sammlung, ähnlich wie bei der Einstimmung, die Massage ab und geben Ihrem Partner Zeit zum Nachspüren. Sie können ihn auch gerne dazu zudecken oder Entspannungsmusik einspielen. Zeitlich sind Sie in keiner Phase der Massage an Vorgaben gebunden. Entscheiden Sie selbst, wie lange Sie sich den Genuss des Nehmens und Gebens gönnen möchten.

Tipp: Sie können die Massage jederzeit erweitern, in Bauchlage die Schultern und die Rückseite der Arme und Beine in Ihre Ausstreichungen einbeziehen, in Rückenlage die Vorderseite. Wenn Sie ein bisschen mutiger sind, können Sie auf den weichen Muskelanteilen auch etwas mehr Druck ausüben. Solange Sie dabei Gelenke und die harten Knochenstrukturen aussparen und Ihr Partner sich meldet, falls etwas unangenehm ist, kann nichts schiefgehen. Machen Sie diese Massage zu einem (Festtags-)Ritual. Mit der Zeit werden Sie auch bei der Berührung immer selbstbewusster und kreativer werden.

Achtsam streiten

Streit muss nichts Negatives sein, vielmehr kann er in einer Beziehung wie ein Gewitter für klare Luft sorgen – wenn man es richtig macht.

Konflikte auszutragen gehört zu einer Partnerschaft dazu, und das geht nicht immer nur sachlich und in gedämpfter Lautstärke. Dennoch: Der passende Ton und eine angemessene Wortwahl sind wichtig. Ihren Unmut dürfen Sie äußern, aber vielleicht nicht so: »Wie blöd muss man sein, um die Schlüssel immer wieder zu verlegen. Deinetwegen kommen wir zu spät!« Denn so geht's viel besser: »Ich finde, du solltest den Schlüssel immer an den gleichen Platz legen, dann findest du ihn auch schnell wieder. Jetzt verspäten wir uns und das ärgert mich!«

Achtsamkeit ist nichts, was uns wirklich fremd ist, sondern vielmehr etwas, das

wir im Laufe der Zeit, bedingt durch zahlreiche Einflüsse, von außen (Stress und Hektik) und von innen (Wut und Ärger) verlernt haben. Kleine Kinder sind per se achtsamer als Erwachsene. Sie leben mit Hingabe von Moment zu Moment und erleben jeden Augenblick als einzigartig. Erst wenn wir beginnen, sie in Muster zu pressen, ihnen fortwährend Zeitlimits aufzuerlegen und sie mit anderen zu vergleichen, verlieren Kinder diese wertvolle Gabe.

Wenn Sie sich mit konstruktiver Streitkultur schon einmal auseinandergesetzt haben, dann werden Ihnen viele der folgenden Grundsätze sowohl logisch als

wie eine Lawine über den Partner hereinbricht. Denn das kann unter Umständen zur sofortigen Fluchtreaktion führen. Achtsamkeit bedeutet in dem Moment allerdings auch, sich darüber bewusst zu werden, wie wichtig einem der Punkt wirklich ist. Ist wieder mal die Zahnpasta oder der Toilettendeckel offen geblieben? Nutzen Sie einige tiefe Atemzüge, um sich darüber klar zu werden, ob es sich wirklich lohnt, das Thema auf den Tisch zu bringen. Denn in der Regel ist nicht alles, was uns sauer aufstößt, eine Auseinandersetzung wert. Oft ist es ein fehlgeleitetes Investment an Zeit und Energie.

Handelt es sich bei dem Ärgernis um eine typische Charaktereigenschaft Ihres Partners, mit der Sie schon seit Ewigkeit kämpfen, wäre es vielleicht an der Zeit, loszulassen und sie anzunehmen, statt sich regelmäßig darüber die Haare zu raufen. Denn es ist wahrscheinlich, dass er sich nicht ändern wird. Es gibt tatsächlich Streitpunkte, die aus der Verschiedenheit der Partner oder aus ihren unterschiedlichen Lebensgeschichten resultieren und sich nicht wirklich lösen lassen. Sie können immer wieder darüber streiten oder alternativ Ihren Partner mit seiner Einstellung und seinen Eigenheiten so annehmen wie er ist, und lernen, da-

auch bekannt vorkommen. Dennoch ist es wichtig, sich diese Dinge regelmäßig ins Gedächtnis zu rufen, um sie dann im Fall des Falles und im Eifer des Gefechts auch tatsächlich zu beherzigen, und das nicht nur in der Paarbeziehung.

>> *In der Ehe muss man sich manchmal streiten, nur so erfährt man etwas voneinander.* ‹‹

John Wolfgang von Goethe

Grundsätzlich ist es sinnvoll, Unstimmigkeiten möglichst direkt anzusprechen, damit sich nichts aufstaut und später mit umzugehen. Sie sollten in jedem Fall darüber nachdenken, denn die Entscheidung liegt bei Ihnen.

Tipp: Wussten Sie eigentlich, dass eine Emotion rein biochemisch betrachtet nur wenige Sekunden andauert? Die Entscheidung, ob wir diese Emotion aufrechterhalten, treffen wir selbst, bewusst oder unbewusst. Und wenn wir das be-

wusst tun können, dann liegt es doch auf der Hand: Sagen Sie »Ja« zu guten Gefühlen und »Nein danke« zu destruktiven und belastenden! In diesem Zusammenhang bekommt die Empfehlung »Atme tief durch und zähle bis zehn« eine neue und wesentlich attraktivere Bedeutung.

Größere Themen sollten zu einem Zeitpunkt angesprochen werden, wenn beide

Beispiel aus dem Coachingalltag

Harald und Heike hatten selbst nach 11 Jahren Ehe ihre regelmäßigen Zankereien noch immer nicht im Griff. Jede Auseinandersetzung glich einem Drama und drohte das Ende der Beziehung zu werden. Dabei handelte es sich oft nur um Kleinigkeiten. Ansonsten ging es im Alltag häufig auch sehr harmonisch zwischen den beiden zu. Im Streit aber holten sie immer weit aus und warfen sich längst vergangene Dinge an den Kopf, sodass am Ende gar nicht klar war, womit der Stress eigentlich begonnen hat. Harald flüchtete, während Heike vor Wut kochte. Eine solche Auseinandersetzung kostete jedes Mal viel Energie und führte zu nichts. In

den Tagen danach gingen sich beide verletzt und über ihr eigenes Verhalten beschämt aus dem Weg. Im Coaching lernen sie, beim Thema und am Ort des Geschehens zu bleiben, einander achtsam zuzuhören und auf die Vorwürfe des Gegenübers möglichst konkret und ohne Beleidigungen zu reagieren. Sie suchen gemeinsam nach einer Lösung für ihr Problem. Inzwischen schaffen es die beiden, manch eine Streitigkeit mit einer Prise Humor zu vermeiden. Das tut ihrer Beziehung gut, denn eine Meinungsverschiedenheit hinterlässt heute längst nicht mehr einen so großen Scherbenhaufen wie früher und lässt sie nicht an ihrer Liebe zweifeln.

Beteiligten den Kopf dafür frei und ausreichend Zeit für ein Gespräch haben. Vereinbaren Sie dazu einen Termin, wenn Sie oder Ihr Partner sehr beschäftigt sind und es nicht anders machbar ist.

Das Prinzip der Achtsamkeit ist Singletasking statt Multitasking, was so viel heißt wie: Wenn Sie sich streiten, dann bitte nicht nebenbei, sondern seien Sie ganz bei der Sache. Das mag jetzt ein Schmunzeln oder vielleicht sogar Unverständnis bei Ihnen auslösen, aber wenn Sie gleichzeitig andere Dinge tun, können wichtige Botschaften überhört oder übersehen werden. Zudem ist das Verweilen bei einer Sache, statt mehrere Baustellen gleichzeitig zu bedienen, wesentlich effizienter und weniger ermüdend, weil Ihr Gehirn nicht immer wieder zwischen mehreren Aufgaben springen muss.

Dauerhafte Streitigkeiten können sehr zermürbend sein und sich negativ auf unsere Gesundheit auswirken. Das hat die Wissenschaft mehrfach bewiesen: Aus der Psychosomatikforschung wissen wir, dass Stress die Wahrscheinlichkeit für seelische Erkrankungen wie Angsterkrankungen, Depressionen und die Neigung zu Suchtverhalten erhöht. Menschen, die dauerhaft Stress in ihrer Beziehung erlei-

den, sind anfälliger für Herzerkrankungen. Diese negative Auswirkung stellten Stockholmer Forscher in einer Langzeitstudie vor allem bei Frauen fest.

Wie stark sich häufige Konflikte tatsächlich auf die Gesundheit auswirken, hängt insbesondere von den Persönlichkeitsmerkmalen des Einzelnen ab. Demnach ist ein gutes Konfliktmanagement die beste Lösung, um die eigene Gesundheit mit Beziehungsstress nicht zu belasten. Ist der Zug einmal abgefahren und der Streit im vollen Gang, gilt laut einer amerikanischen Studie für die Zeit danach folgende Devise: Männern hilft Sport, um ihren Stresspegel herunterzuregeln, Frauen dagegen reden. Gehen Sie als Mann also joggen oder powern Sie sich bei Ihrer Lieblingssportart aus, während Ihre Frau ihre beste Freundin oder ihre (Schwieger-)Mutter kontaktiert.

Beim Streit sollte der Fokus immer auf der Lösung statt auf der Schuldzuweisung liegen. Leider sehen viele Paare den Streit nicht als Möglichkeit, den Konflikt zu lösen, sondern als Wettrennen, bei dem nur einer gewinnt und der andere verliert. Grade diese Überzeugung macht jede Meinungsverschiedenheit zu einem unnötigen Machtkampf.

In der Psychologie unterscheidet man zwischen mehreren Konfliktlösungsstilen, von denen nur einer dazu führt, dass sich beide am Ende als Gewinner verstehen: Beide Partner bemühen sich ernsthaft um Kompromisse. Wer zu kämpferisch vorgeht, versucht meist den anderen zu dominieren und nimmt keine Rücksicht auf die Interessen des Partners. Kein Wunder also, dass dies nicht langfristig funktionieren kann. Wer dagegen zu defensiv an die Sache herangeht und ständig nur Zugeständnisse macht, staut unter Umständen Groll an. Und der muss dann auch mal raus, was zu gegebener Zeit ein noch größeres Problem verursachen könnte. Außerdem haben Studien bewiesen, dass Personen, die gewöhnlich schnell den Rückzug antreten und regelmäßig in einer Partnerschaft ihre eignen Bedürfnisse hintanstellen, oft unsicher in der Beziehung sind und aus Angst, den Partner zu verlieren, klammern.

Vergessen Sie nie: Konflikte müssen nicht zwangsläufig zu gegenseitigen Verletzungen führen. Ganz im Gegenteil – sie können eine Beziehung auch stärken. Denn nicht der Mensch, den wir lieben, ist das Problem, sondern nur eine seiner Eigenschaften, Meinungen oder Verhaltensweisen macht uns Schwierigkeiten.

Tipp: Manchmal genügt auch ein Lächeln, ein Augenzwinkern oder eine witzige Assoziation im Gesprächsverlauf, um den Konflikt zu entschärfen. Denn mit einer humorvollen Einstellung klappt Verständigung am besten. Aber dazu später mehr …

Achtsame Streitkultur in der Partnerschaft

Dos:
»Ich habe das Gefühl, du weichst mir bei diesem Thema aus.«
»Ich glaube, ich habe die Sache falsch eingeschätzt, das tut mir leid.«
»Ich bin mir sicher, wir finden zusammen einen Kompromiss.«

Donts:
»Du bist ständig mit anderen Dingen beschäftigt und hörst mir nie zu!"
»Du bist wie dein Vater, narzisstisch und arrogant!«
»Du glaubst doch nicht allen Ernstes, dass ich noch einmal mir dir verhandeln werde.«

Zehn Spielregeln für
achtsame Streitkultur
in der Partnerschaft

1. Bedenken Sie: Der Ton macht die Musik – also bitte nicht aggressiv oder beleidigend werden.

2. Sprechen Sie für sich in Ich-Form, äußern Sie Ihre Bedenken, Gefühle und Wünsche – machen Sie gern auch Lösungs- oder Kompromissvorschläge.

3. Bleiben Sie beim Thema, ohne durch »immer« oder »nie« zu verallgemeinern.

4. Schimpfen Sie nicht auf andere wie zum Beispiel die Schwiegermutter, nur weil Ihnen die Argumente ausgehen. Das bringt Sie nicht weiter.

5. Lassen Sie Ihr Gegenüber ausreden und hören Sie aktiv zu.

6. Geben Sie eigene Schwächen und Fehler zu und entschuldigen Sie sich, wenn es angebracht ist und der Sache dient.

7. Versuchen Sie den anderen zu verstehen und wechseln Sie die Perspektive, um den Kernpunkt, um den es geht, mal aus der anderen Sicht zu betrachten.

8. Bleiben Sie ehrlich und wertschätzend.

9. Eröffnen Sie keine Nebenschauplätze.

10. Hören Sie auf, falls Ihre Emotionen zu hoch kochen, und verschieben Sie den Streit auf einen anderen konkreten Zeitpunkt. So haben beide Zeit, sich wieder abzukühlen.

Gemeinsame Ziele und Visionen

Ziele und Träume, die gemeinsam verfolgt werden, schmieden ein Paar zusammen. Haben Sie sich je Gedanken gemacht, was Ihre gemeinsame Vision für Ihr Leben als Paar ist?

Die meisten von uns verfolgen persönliche Ziele, die sich auf ihre Karriere, den sozialen Status oder ihre Gesundheit beziehen. Dabei sind gemeinsame Ziele und Visionen in einer Partnerschaft nicht weniger wichtig. Das gleiche Projekt in Angriff zu nehmen und ein gemeinsames Ziel anzupeilen, das schweißt zusammen. Noch bevor Sie ins Tun kommen, sollten Sie sich ganz klar darüber werden, was genau Ihre Ziele für die Zukunft sind. Betrachten Sie die Zukunft in verschiedenen Etappen – kurzfristig für die nächsten Wochen und Monate, mittelfristig für ein bis drei Jahre und langfristig als Vision für den nächsten Lebensabschnitt oder vielleicht sogar den Ruhestand, je nachdem, wo Sie gerade im Leben stehen und wie visionär Sie sein mögen.

> » *Liebe besteht nicht darin, dass man einander anschaut, sondern dass man gemeinsam in dieselbe Richtung blickt.* «
>
> Antoine de Saint-Exupéry

Entwickeln Sie eine konkrete Vorstellung davon, wie Ihr weiteres Leben als Paar aussehen soll. Was möchten Sie gemeinsam erreichen und verwirklichen, welche Abenteuer gemeinsam bestreiten? Warten Sie nicht auf Gelegenheiten, die sich

Und nun geht es an die Arbeit

- Im ersten Schritt ist es zunächst egal, ob es sich dabei um neue Wohnzimmermöbel, ein Tandem für gemeinsame Radtouren, ein Haustier, eine besondere Unternehmung oder eine lange ersehnte Reise handelt. Vielleicht möchten Sie auch ein Haus zusammen planen, Ihr gemeinsames Hobby ausbauen, sich von nun an zu zweit sportlicher Betätigung widmen, um fit und gesund zu bleiben, oder Sie denken in der Tat schon darüber nach, was Sie tun werden, wenn Ihre Kinder flügge sind und das Nest verlassen. Nehmen Sie sich Zeit für eine erste Bestandsaufnahme und Ideensammlung. Schreiben Sie Ihre spontanen Einfälle in Stichpunkten auf ein Blatt Papier auf, zunächst jeder für sich.
- Im zweiten Schritt schauen Sie sich Ihre Notizen genauer an und greifen die Aspekte heraus, die Sie als Kernthemen betrachten und die unmittelbar mit Ihrer Beziehung in Verbindung stehen. Nutzen Sie dazu die Vorlage auf der folgenden Seite.
- Im dritten Schritt loten Sie aus, wo Sie sich gemeinsam wiederfinden. Was ist Ihnen beiden wirklich wichtig und

vielleicht nie ergeben, sondern schaffen Sie selbst welche. Bleiben Sie möglichst realistisch, greifen Sie aber durchaus auch mal nach den Sternen. Schließlich geht es auch um Motivation und die ist besonders groß, wenn das Ziel etwas ist, wofür es sich zu kämpfen lohnt, anstatt etwas Alltägliches. Worauf möchten Sie gemeinsam am Ende Ihrer Tage zufrieden zurückblicken?

Gibt es keine gemeinsamen Ziele oder weichen Ihre stark von denen des Partners ab, ohne dass langfristig eine Annäherung in Sicht ist, so ist die Beziehung tatsächlich in Gefahr.

kann als ein gemeinsamer Fokus angesehen werden? Wägen Sie achtsam ab, schieben Sie Ihre Ideen wie Puzzleteile hin und her, bis ein klares Bild entsteht, zu dem beide Seiten aus vollem Herzen »Ja, das ist es!« sagen können.

- Bevor es endgültig an die Umsetzung geht, konkretisieren Sie diese. Nutzen Sie auch dazu die Vorlage, so können Sie das Buch immer wieder als Nachschlagewerk und Gedächtnisstütze nutzen, um sich an Ihre gemeinsame Zielsetzung zu erinnern. Überlegen Sie sich genau, wie Sie die erste Zieletappe erreichen können. Wer übernimmt welche Aufgaben und wie schaut der Zeitplan dabei aus? Je mehr Details Sie schriftlich fixieren, desto klarer wird die Gesamtvision. So schaffen einen Aktionsplan. Belohnen Sie sich regelmäßig für Ihre Fortschritte, indem Sie gemeinsam Dinge tun, die Ihnen Spaß machen und Sie als Paar noch mehr zusammenschweißen.

Tipp

- Um motiviert an den Start zu gehen, sollten Ihre Ziele immer positiv, möglichst zeitgenau und in der Gegenwart formuliert sein. Dazu ein Beispiel für eine kurzfristige Zielsetzung: Bis Mai dieses Jahres kaufen wir uns einen Fahrradtransportanhänger, um im September in Urlaub zu fahren und die Fahrräder mitnehmen zu können.
- Betrachten Sie Ihre Zielformulierung als Bestellzettel – je genauer die Bestellung, desto größer die Wahrscheinlichkeit, dass Sie auch das erhalten, was Sie sich beide wünschen. Schicken Sie Ihre Bestellung auch unbedingt ab, indem Sie aktiv werden und auf Ihr Ziel zusteuern. Nur so können Sie es auch tatsächlich verwirklichen.
- Reden Sie regelmäßig über Ihre gemeinsamen Ziele und Visionen, auch mit Freunden und Bekannten. So stärken Sie Ihren Status als Paar auch für Dritte.

Beispiel aus dem Coachingalltag

Doris' und Thomas' Ehe war immer geprägt von dem Wunsch nach einem Kind. Leider ist dieser Wunsch nie in Erfüllung gegangen, was ihre Ehe über viele Jahre belastet hat. Beide stürzten sich in Arbeit, verbrachten immer weniger Zeit zusammen und entfremdeten sich zunehmend voneinander, bis am Ende nicht mehr klar war, ob es für eine gemeinsame Zukunft noch reichte. Sie suchten nach Unterstützung und fanden durch ein Coaching neue Wege und Möglichkeiten, sich wieder zu begegnen.

Da beide in ihrem Beruf sehr erfolgreich sind und viele Überstunden machen, müssen selbst gemeinsame Abende zuvor geplant werden. Ihre Lösung sind zwei gemeinsame Unternehmungen in der Woche und regelmäßige Städtereisen, mindestens drei übers Jahr verteilt. Gewöhnlich setzen sie sich zwischen Weihnachten und Silvester zusammen, um neue Pläne zu schmieden. Dann kauft Doris die Reiseführer und stellt eine Sightseeing-Liste zusammen, während Thomas Flüge und Hotels bucht. Damit starten Sie jedes Mal mit spannenden Zielen ins neue Jahr. Fremde Länder und Kulturen kennenzulernen gehörte schon immer zu ihren Leidenschaften. Beide schwärmen besonders für Skandinavien, wo sie regelmäßig ihren Sommerurlaub verbringen. Sie können es sich sogar vorstellen, in zehn Jahren nach Schweden oder Norwegen auszuwandern. Für nächstes Jahr haben sich die beiden etwas ganz Besonderes vorgenommen: Sie haben sich für ein Sabbatical entschieden und werden drei Monate mit einem Wohnmobil Kanada bereisen. Damit geht für Doris und Thomas ein großer Traum in Erfüllung. Die Planung läuft auf Hochtouren, besonders die Abstimmung in der Firma. Gleich zwei gute Fachkräfte auf Zeit zu ersetzen, fällt dem Firmenchef nicht leicht. Dennoch lassen sich die beiden dadurch die Vorfreude auf die große Reise nicht nehmen.

AKTIONSPLAN

1. Definieren Sie,
zunächst jeder für sich:
· drei Kurzzeitziele
· zwei mittelfristige Ziele
· ein Langzeitziel (Vision)

Ich   *Du*

1. _____
2. _____
3. _____

2. Gleichen Sie Ihre Ziele ab! Schleifen und polieren Sie
daran und machen aus zwei Entwürfen einen,
der für beide Seiten passt.
Unsere gemeinsamen Herzensziele:

_____

_____

_____

_____

3. Konkretisieren Sie Ihre Zielsetzung in Wort (Zeitpunkt, erster Schritt), Schrift und ggf. auch in Bild. Vergeben Sie die Zuständigkeiten – wer übernimmt welche Aufgaben?

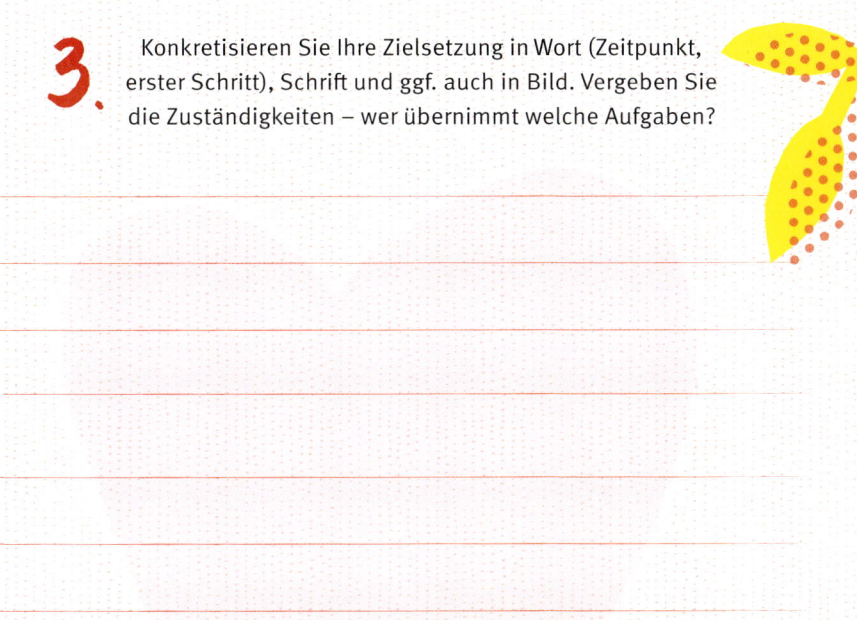

Nach getaner Arbeit lassen Sie Ihrer Fantasie freien Lauf und malen Sie sich gedanklich Ihre Zukunft in den schillerndsten Farben aus. Stellen Sie sich vor, wie das sein wird, wenn Sie eines Ihrer Ziele erreicht haben. Versetzen Sie sich ganz bewusst gemeinsam in den Zustand, wo Sie auf Ihrem neuen Sofa sitzen, mit dem neuen Hausbewohner auf vier Beinen spielen oder an Bord des Kreuzfahrtschiffs gehen, um Ihre Wunschreise zu starten.

Tipp:
Sie werden vermutlich niemals an den Punkt kommen, an dem alles erledigt ist und Sie sich Ihren Zielen widmen können. Verschieben Sie sie also nicht auf morgen.

Durch Achtsamkeit zueinanderfinden

Unliebsame Charakter-eigenschaften auflösen

Achtsamkeit kann uns helfen, gemeinsam an Verhaltensweisen und Eigenheiten zu arbeiten, die unsere Partnerschaft belasten.

Viele Wege führen nach Rom, aber keiner dieser Wege führt an der Achtsamkeit vorbei. Jedenfalls wenn man eine glückliche und erfüllte Partnerschaft führen möchte. Achtsamkeit ist im Alltag mit nahezu unendlich vielen Aspekten verwoben: der Kindererziehung, dem Verhalten im Straßenverkehr oder dem Umgang mit digitalen Medien, um nur einige Themen zu nennen, die wir in diesem Glückscoach nicht behandeln. Achtsamkeit, so selbstverständlich sie auch ist und so sehr sie auch unterschätzt und in der heutigen schnelllebigen und komplexen Zeit in den Hintergrund gedrängt wird, schenkt uns eine Fülle an Möglichkeiten, die das Leben lebenswert machen und unseren

Blick für das Positive schärfen, ohne das Negative zu übersehen. Sie gibt uns die Chance, Menschen, die uns nahestehen, mit liebevolleren Augen zu sehen, als wir es gewöhnlich tun.

Wenn wir Achtsamkeit nicht nur als »Akutmittel« zur Entschleunigung im Stress einsetzen, sondern auch als eine Art Grundton der Lebensführung begreifen, geht uns vieles wesentlich leichter von der Hand und unser (Zusammen-)Leben gewinnt enorm an Qualität. Am besten fangen Sie gleich bei sich selbst an und im nächsten Schritt in der Beziehung zu Ihrem Partner. Denn Selbsterkenntnis kann uns helfen, Hürden zu überwin-

bunden im Kontext dieser Beziehung zu betrachten. Wenn etwas nicht gut läuft, dann schauen wir uns die Situation am besten genauer an, so objektiv wie möglich. Wir beginnen bei uns selbst, klammern Schuldzuweisungen aus und nähern uns einem Lösungsweg an, von dem nach Möglichkeit beide Seiten profitieren.

Manchmal ist es sogar sinnvoll, gute Freunde oder Familienangehörige nach ihrer Meinung zu einem bestimmten Charakterzug zu fragen. Das schafft Orientierung, verändert unter Umständen die Perspektive und gibt vielleicht einen ersten guten Impuls zur Klärung. Denn objektiv zu sein in einer Situation, in die man selbst involviert ist, ist meist leichter gesagt als getan. Holen Sie sich ruhig Unterstützung.

den und auch rückwirkend viele Situationen besser zu verstehen. Je mehr Sie über sich selbst wissen, umso klarer gelingt es Ihnen, mit Ihrem Partner zu interagieren, Wünsche zu kommunizieren und Botschaften auszuwerten.

Jeder von uns hat Charaktereigenschaften, die zum einen uns selbst das Leben schwermachen und zum anderen auch unsere Beziehung regelmäßig auf die Probe stellen. Damit das nicht so bleibt, ist ein achtsames Hinschauen von Vorteil. Denn bei der Achtsamkeit in einer Beziehung geht es einerseits darum, sich seiner Gedanken und Handlungen bewusst zu sein, und andererseits darum, sich einge-

Negativität

Menschen, die das Glas Wasser immer als halb leer statt halb voll betrachten, stehen sich oft selbst im Weg. Sie sehen nur die negativen Seiten des Lebens und blenden die positiven häufig aus.

Als Partner einer solchen Person kann ich diese Tendenz bewusst durchbrechen, indem ich den Fokus immer wieder auf die schönen und positiven Möglichkeiten und Seiten des Lebens lenke. Hier gilt es achtsam hinzuschauen und gemeinsam die Vielfalt der Dinge zu entdecken, statt nur die Bedrohung zu sehen. Es dauert sicherlich einige Zeit, aber so können Sie vielleicht Zeuge eines sehr wertvollen Prozesses werden und Ihrem Partner dabei helfen, aus der Negativität auszubrechen.

Falls Sie sich beim Lesen grade selbst ertappt haben, dann wissen Sie sicher aus eigener Erfahrung, dass mit der Negativhaltung häufig auch Stimmungstiefs und Ängste verbunden sind, die eine Beziehung nachhaltig belasten können. Mein Vorschlag also: Üben Sie sich regelmäßig darin, Ihre Sichtweise zu hinterfragen und sich Schritt für Schritt vom Minuspol (Negatives) in Richtung Pluspol (Positives) zu tunen. Wenn Sie selbst merken, dass es Sie innerlich entlastet und Ihnen plötzlich vieles im Alltag leichterfällt, dann sind Sie auf dem richtigen Weg.

Egozentrisches Verhalten

Wer sich selbst als den Bauchnabel der Welt betrachtet, lebt an der Realität vorbei. Sich seiner egozentrischen Verhal-tensweise achtsam bewusst zu werden ist ganz bestimmt nicht einfach, da sie sich nicht über Nacht eingeschlichen hat, sondern vermutlich schon länger Ihr treuer Begleiter ist. Dennoch stellt sie die Beziehung sicher oft auf die Probe und es ist eine Frage der Zeit, wie lange dieses Verhalten von Ihrem Partner toleriert wird. Selbsterkenntnis ist immer der erste und beste Schlüssel zu Veränderung. Also verschließen Sie nicht Ihre Augen vor der Wahrheit und gestehen Sie sich auch die weniger angenehmen Charaktereigenschaften ein. Machen Sie sich klar, dass in einer Paarbeziehung immer genau zwei Personen gleich wichtig sind. Damit müssen Sie sich nicht gleich in den Schatten des anderen stellen aber vielleicht daneben statt davor. Und ab und zu ist es durchaus auch erlaubt, dem anderen den Vortritt zu lassen.

Egozentrische Menschen haben selten Mitgefühl oder Verständnis für ihr Gegenüber. Sie sehen ihre Fehler nicht ein und brauchen ständig Aufmerksamkeit. Ihre Meinung ist meist die einzige, die für sie wirklich zählt. Sollte Ihr Partner diese Eigenschaft an den Tag legen, geben Sie ihm nur dann recht, wenn er es aus Ihrer Sicht auch hat. Lassen Sie sich nicht benachteiligen, sondern legen Sie Ihrem

Partner regelmäßig dar, wie sein Verhalten auf Sie wirkt und wie Sie sich dabei fühlen, wenn er sich ständig ins Rampenlicht stellt. Wenn Sie dies bis jetzt nicht getan haben, dann entsteht zunächst sicher eine ungewöhnliche Situation und Ihr Partner wird sich vielleicht vor den Kopf gestoßen fühlen. Das sollte Ihnen aber die Sache wert sein.

Ungesunder Umgang mit Finanzen

Leider ist Geld eines der häufigsten Streitthemen in der Partnerschaft – ganz besonders, wenn zwei Extreme wie Geiz und Verschwendung aufeinandertreffen oder die Beteiligten unterschiedlich viel verdienen. Sicher spielen Ehrlichkeit und Vertrauen hierbei die wichtigste Rolle, ebenso klare Absprachen. Dennoch hat Geld für jeden Menschen eine andere Bedeutung. Während der eine jeden Euro zweimal umdreht, bevor er ihn ausgibt, und den Schwerpunkt auf Vorsorge für die Zukunft legt, ist der andere eher ein Genussmensch und erfüllt sich einen Wunsch nach dem anderen mit der Begründung, das Leben sei viel zu kurz, um zu sparen.

Grundsätzlich sind solche Überzeugungen nicht einfach aufzulösen, und wie viel wovon tatsächlich gesund oder ungesund ist, lässt sich auch nicht auf Anhieb sagen. Fakt ist, dass manche mit Geld Freiheit und Macht verbinden, andere dagegen Angst vor Mangel. Vieles davon liegt in unseren Erfahrungen begründet und dem Umgang mit Geld, den wir aus unserer Herkunftsfamilie kennen. Wer im Überfluss groß geworden ist und sich bis heute am üppigen Gehalt erfreut, ist vermutlich eher bereit, Geld in Genuss und Spaß zu investieren. Wer dagegen Geld schon immer als Mangelware kennengelernt hat, legt lieber etwas für schlechte Zeiten beiseite, sofern er dazu in der Lage ist.

Genau hier setzt Achtsamkeit an. Es geht darum, diese Muster zu erkennen, statt den Partner für seinen Charakterzug zu verurteilen. Bestimmen Sie Ihren eigenen Standpunkt und machen Sie sich Gedanken, wie es dazu gekommen ist. Welchen Wert hat Geld für Sie persönlich? Sprechen Sie offen mit Ihrem Partner darüber. Bestenfalls handeln Sie auch hier Kompromisse aus und nutzen den goldenen Mittelweg als Kompass. Steht Ihnen zurzeit tatsächlich mehr als für den Alltag notwendig zur Verfügung, gönnen Sie sich ruhig etwas Schönes. Aber vergessen Sie nicht, dass auch schlechtere Zeiten kommen können, für die Sie eine Reserve einplanen sollten.

Tipp: Wer mehr verdient als der andere, sollte nicht glauben, dass er damit automatisch mehr Rechte und weniger Pflichten in der Partnerschaft hat.

Doppeldeutige Botschaften

Die Neigung, doppeldeutig zu kommunizieren, ist nicht nur für eine Beziehung schädlich. Sie kann auch selbstschädigend sein. Denn wenn wir nicht das äußern, was wir eigentlich meinen, können uns andere nicht das zugestehen, was wir erwarten oder uns wünschen.

Diese Eigenschaft kann zu einer Beziehungsfalle werden. Die Kommunikation stagniert, weil es dauerhaft Missverständnisse und daraus resultierende Vorwürfe gibt. Sagen Sie zum Beispiel: »Klar, Schatz, geh dich ruhig mit deinen Kollegen amüsieren«, meinen aber damit: »Wehe, du gehst und lässt mich allein«, kann es nur ein Desaster geben. Stattdessen wäre die Alternative, Folgendes zu sagen: »Eigent-

lich würde ich gerne den Abend mit dir verbringen.«

Da wir uns alle Aufrichtigkeit wünschen, sind doppeldeutige Botschaften zu vermeiden. Denn sie zerstören das Vertrauen und rauben somit die Basis einer Beziehung. Achten Sie daher auf Ihre Worte und Äußerungen, damit Sie Ihre Beziehung fördern, statt unnötig zu belasten.

Nutzt dagegen häufig Ihr Partner diese Art und Weise der Kommunikation und hinterher hagelt es regelmäßig Beschuldigungen, dann gehen Sie am besten wie folgt vor: Sobald Sie eine Vorahnung haben, dass es diesmal wieder einer dieser Fälle sein könnte, fragen Sie ganz direkt nach und vergewissern Sie sich, ob Sie die Antwort auch richtig verstanden haben. Im genannten Fall könnte dies so ausschauen: »Und du bist dir sicher, dass es für dich in Ordnung ist, wenn ich dich heute Abend allein lasse? Oder hast du damit gerechnet, dass wir den Abend gemeinsam verbringen?« Bei dieser Nachfrage müssen Sie allerdings auch damit rechnen, dass die Antwort lautet: »Ja, das wäre schön. Bleib bitte hier.« Dann sollten Sie auch bereit sein, Ihr Treffen abzusagen oder einen guten Kompromiss auszuhandeln.

Klammern

Klammern ist häufig ein Zeichen für mangelnden Selbstwert. Wer klammert, lebt mit der Überzeugung, nur mit dem Partner etwas wert zu sein. Diese innere Haltung kann dauerhaft für die Beziehung sehr anstrengend werden, weil in der Regel dem anderen die Luft zum Atmen und für das Ausleben eigener Interessen fehlt. Wenn beide so denken, wird die Situation nicht besser, aber vielleichet etwas erträglicher. Auf lange Sicht kann eine Beziehung auf dieser Grundlage nicht funktionieren.

Als Klammeräffchen sollten Sie achtsam hinterfragen, woher diese Haltung kommt und ob sie tatsächlich berechtigt ist. Menschen, die sich als unvollständig erleben, klammern gern. Auch Eifersucht und Erfahrungen aus früheren Beziehungen, die wir unbewusst auf die neue Partnerschaft projizieren, sind Themen, die dazu führen können. Sie sollten unter die Lupe genommen und entkräftet werden, damit sich der Druck, der dadurch für beide Seiten entsteht, verliert.

Wenn Ihr Partner zum Klammern neigt, machen Sie ihm bewusst, wie wichtig er Ihnen ist, auch wenn Sie nicht ständig präsent sind. Manchmal reichen Kleinigkeiten schon aus, um den anderen zu beruhigen und dadurch mehr Freiheit und Frieden zu gewinnen. Kleine Aufmerksamkeiten, liebevolle Gesten und achtsame Berührung steigern das Wir-Gefühl. Denn nur durch eine gute Mischung aus Nähe und Distanz ist eine gesunde Zweisamkeit möglich. So können beide Partner einem eigenen Hobby nachgehen oder auf andere Menschen treffen, ohne dass die Beziehung darunter leidet. Ganz im Gegenteil: Durch Abstand auf Zeit erwächst Sehnsucht und daraus das Bedürfnis, den anderen wieder in die Arme zu schließen.

Mangel an Gelassenheit

Menschen, die häufig aus der Haut fahren und besonders bei Herausforderungen cholerisch reagieren, sind unberechenbar. Und wer möchte schon einen unberechenbaren Partner an seiner Seite haben? Schauen Sie sich Ihren Stresspegel achtsam an. Woran liegt es, dass Sie derart übertrieben reagieren? Machen Sie sich bewusst, dass auch Ihnen selbst dieser Zustand schadet, ganz abgesehen davon, dass vieles hinterher in Schutt und Asche liegt und Sie dafür die Verantwortung tragen.

Üben Sie sich regelmäßig darin, gerade in schwierigen Situationen das innere Gleichgewicht zu bewahren. Nutzen Sie Ihren Atem als Anker, um rasch innere Ruhe und Distanz zu gewinnen. Atmen Sie dazu bewusst und möglichst entspannt durch die Nase ein und aus. Rufen Sie sich in Erinnerung, dass Emotionen kommen und gehen und Sie selbst darüber entscheiden, wie lange sie verweilen. Lösen Sie sich also von Ihrer Wut und lenken Sie den Fokus auf etwas Neutrales oder Positives, das Sie zu diesem Zeitpunkt umgibt.

Sollte Ihr Partner ein Choleriker sein, dann bleiben Sie entspannt und bieten Sie ihm keine Bühne, sondern verlassen Sie am besten den Raum, sobald er in Rage gerät. Nehmen Sie den Ausbruch nicht persönlich, denn so ist er meistens nicht gemeint. Da macht sich gerade eine Schwäche Ihres Partners bemerkbar, die er noch nicht im Griff zu haben scheint. Später sprechen Sie ihn gezielt auf die Situation an, machen Sie deutlich, wie es Ihnen dabei geht, ihn so wutentbrannt zu sehen, und dass Sie oder andere Mitmenschen darunter leiden, falls dem so ist. Legen Sie ihm nahe, sich mehr in Gelassenheit zu üben. Schließlich geht es dabei um seine und Ihre Gesundheit. Mein

(Hör-)Buchtipp dazu: »30 Minuten Gelassenheit« vom GABAL Verlag.

Mit dem Alter nehmen zwar bekanntlich Weisheit und Gelassenheit zu, jedoch die Flexibilität des Körpers und des Geistes ab. Es fällt uns zunehmend schwer, Gewohnheiten zu ändern oder Charakterzüge zu modifizieren. Wer Yoga und Meditation regelmäßig praktiziert, übt sich dauerhaft in Achtsamkeit. Dieser Übungsweg führt zu mehr Flexibilität, nicht nur im Körper, sondern auch im Geist. Das wirkt sich positiv auf viele Aspekte des täglichen Lebens aus, auch auf unsere Beziehungen. Daher möchte ich Sie dazu ermutigen, sich für Yoga und Meditation zu interessieren und beides als Übungspraxis über den Glückscoach hinaus, den Sie gerade in Ihren Händen halten, auszuprobieren. Denn dieser Übungsweg kennt kein Alter und er steigert zweifelsohne unsere Lebensqualität.

Trägheit

Im Leben gibt es immer wieder Zeiten, wo Trägheit überwiegt und durchaus ihre Berechtigung hat: im Urlaub, am Wochenende oder nach einem üppigen Essen. Sie dient dazu, die leeren Batterien

wieder aufzuladen und dem Parasympa-
thikus (dem sogenannten Entspannungs-
anteil unseres Nervensystems) für eine
Weile die Führung zu überlassen. Wenn
aber längerfristig die Couch und der Fernseher zum Mittelpunkt des Interesses
werden, sollte die Situation etwas genauer beleuchtet werden.

Trägheit im Sinne von Antriebslosigkeit
und Faulheit kann einer Beziehung auf
lange Sicht schaden. In der yogischen Phi-
losophie ist die Trägheit feinstofflich dem
Guna (Eigenschaft) »Tama« zugeordnet.
Tama ist neben »Sattva« (Klarheit, Leichtigkeit, Harmonie) und »Rajas« (Stress, innere Unruhe, Gier) eine von insgesamt
drei Charakteristika, die im Menschen
wirksam sind und unsere Persönlichkeit
prägen. Ihre Ausprägung und das Verhält-
nis zueinander entscheiden darüber, welche Qualität dominiert. Da bestimmte
Speisen wie rotes Fleisch, frittierte oder
stark zuckerhaltige Nahrungsmittel, Fast
Food und Genussmittel wie Tabak und Al-
kohol die Passivität verstärken, sollten sie
gerade von Menschen mit der Neigung
zur Trägheit gemieden werden.

Erleben Sie sich selbst als antriebslos,
sollten Sie achtsam hinterfragen, woran
dies liegen mag. War das schon immer
so? Hat sich in der letzten Zeit in der Beziehung oder beruflich etwas merklich
verändert? Was verstärkt Ihre Lustlosig-
keit und wie glauben Sie, selbst wieder
ins Tun kommen zu können?

Um den Zustand der Trägheit zu über-
winden, setzen Sie sich klare Ziele und
nehmen Sie diese gleich in Angriff. Auch
Bewegung und achtsame Berührung können durch die Ausschüttung von Endor-
phinen (Glückshormonen) diesen Kreis-
lauf durchbrechen helfen. Sollte Ihre
momentane Verfassung mit einer Neigung zum Grübeln, Schlafstörungen und
Freudlosigkeit einhergehen, dann kann
sich eine Depression dahinter verstecken.
In diesem Fall zögern Sie nicht, sich Unterstützung seitens eines Arztes und erfahrenen Psychotherapeuten zu holen.
Das wird auch Ihrer Beziehung zugute-
kommen.

Spezialgast: Hochsensibilität

Unterschiedliche Temperamete sind in
einer Beziehung die häufigsten Ursachen
für Streitigkeiten und Konflikte. Respekt
und Verständnis füreinander sind daher
sehr wichtig, besonders wenn Sie oder

Beispiel aus dem Coachingalltag

Andreas (47) kommt seit einiger Zeit nicht so richtig aus den Puschen. Er schmettert die Vorschläge seiner Freundin für diverse Aktivitäten regelmäßig ab und verbringt seine Freizeit hauptsächlich teilnahmslos vor dem Fernseher, statt mit ihr etwas zu unternehmen. Auch seinen besten Kumpel scheint er vergessen zu haben. Er geht, anders als früher, ungern zur Arbeit, kommt genervt heim und ist auch beim gemeinsamen Abendessen recht wortkarg und zeigt kein Interesse am Gegenüber. Seine Freundin Eva weiß ihm nicht mehr zu helfen, da er Nachfragen schnell abblockt. Als der geplante Urlaub platzt und die Beziehung zu scheitern droht, rafft Andreas sich auf und holt sich Hilfe.

Es stellt sich heraus, dass Andreas massive Probleme in seiner Freiberuflichkeit hat und einem Burnout nah ist. Seine Stimmung ist depressiv. Er fühlt sich jeden Tag erschöpft und freudlos. Auf Drängen seiner Freundin entscheidet er sich für eine Auszeit, verbunden mit einer Therapie.

Monate später hat sich die Stimmung bei Andreas und in der Beziehung zu Eva deutlich gebessert. Die beiden kommunizieren wieder vernünftig miteinander und unternehmen viel zusammen. Andreas hat seine freiberufliche Tätigkeit aufgegeben und gegen eine Festanstellung in einer ortsansässigen Firma eingetauscht. Nun ist er nicht mehr der Einzelkämpfer, sondern ein Teamspieler, was ihm nach eigenen Angaben ohnehin mehr liegt.

Ihr Partner hochsensibel sind und alles intensiver erleben. Und das kommt wesentlich öfter vor, als die meisten denken. Denn beinahe jeder fünfte Mensch ist hochsensibel; demnach ist die Wahrscheinlichkeit, eine Beziehung mit einem hochsensiblen Partner einzugehen oder selbst einer zu sein, recht hoch. Auch rückblickend können Sie sich vielleicht erinnern, mit einem Partner eine Beziehung geführt zu haben, der wesentlich sensibler oder unsensibler als Sie selbst war.

Über die Unterschiede in der Empfindsamkeit Bescheid zu wissen, ist für jedes

Paar bedeutend, da einer von beiden immer sensibler ist als der andere. Während der eine zum Beispiel laute Musik, bunte Festivals und turbulente Partys liebt, bevorzugt der andere Zeit in der Natur, persönliche Begegnungen und tiefgründige Gespräche. Doch zum Glück schließt das eine das andere nicht aus. So können beide Partner sehr wohl von dem Temperament des anderen profitieren.

Auch wenn hochsensible Menschen durchaus schwierige Partner sein können, weil sie Reize wie Lautstärke, Gerüche, Farben, Begegnungen und Berührungen wesentlich stärker erleben, so kann Hochsensibilität eine Beziehung auch enorm bereichern. Hochsensible Menschen sind meist sehr feinfühlig, einfühlsam und empathisch. Nicht nur aus diesem Grund sind sie sehr beliebt als (Gesprächs-)Partner. Neben Nähe, die sie intensiv genießen und meist recht offenherzig schenken, brauchen sie jedoch regelmäßig Zeit und Raum für sich selbst.

Wenn Sie selbst hochsensibel sind, sollten Sie das Ihrem Partner gegenüber achtsam kommunizieren, damit er nicht das Gefühl bekommt, dass Sie an der Beziehung zweifeln und deshalb auf Distanz gehen. Denn er kann Ihre Gedanken nicht lesen und Sie vermutlich auch seine nicht. Hier beginnt es brenzlig zu werden. Tauschen Sie sich achtsam darüber aus, wer von Ihnen was in welcher Intensität braucht und wie Sie gemeinsam einen für beide Seiten erfüllenden Weg finden können. Sehen Sie das Positive in Ihrer Beziehung, denn durch unterschiedliche Temperamente, Ansichten und Bedürfnisse können Sie als Paar im Alltag eine größere Bandbreite an Möglichkeiten und Vielfalt (er)leben. Auch das kann sehr bereichernd sein. Machen Sie sich bewusst, dass alles, was Sie gemeinsam tun, von Ihren unterschiedlichen Wesenszügen und Erfahrungen beeinflusst wird, meist in unerwarteter Weise. Und sind Sie sich einmal Ihrer Unterschiede bewusst, dann bauen Sie diese zu einem Vorteil für beide Seiten aus, anstatt sie als Waffe beim nächsten Streit zu missbrauchen.

Je achtsamer Sie mit Ihren Besonderheiten und denen Ihres Partners umgehen, desto besser werden Sie diese verstehen und einordnen können. Mit der Zeit lernen Sie vielleicht die eine oder andere Besonderheit, die Sie zuvor verflucht haben, zu schätzen oder sie sogar als liebenswert zu empfinden.

An dieser Stelle ein Tipp von Elaine N. Aron, Spezialistin für Hochsensibilität, der viel Verständnis für den anderen wachsen lässt, wenn man ihn auch tatsächlich beherzigt:

>> *Ändern Sie, was Sie nicht akzeptieren können; akzeptieren Sie, was Sie nicht ändern können.* <<

Loten Sie achtsam aus, wie sich das eine von dem anderen unterscheidet. Wir alle haben unsere Macken, niemand ist perfekt, und das völlig unabhängig von der Hochsensibilität. Für die feinen Wesenszüge des Partners offen zu sein und zu versuchen, sie zu verstehen, anstatt sie zu verurteilen, ist in meinen Augen ein wichtiger Schlüssel zum Glück in einer Partnerschaft. Das dauert und oft bedarf es vieler Annäherungsversuche und Geduld, aber es lohnt sich, weil sich dann beide Partner absolut authentisch zeigen dürfen.

Übung: Kompliment verschenken

Nehmen Sie sich zum Ausklang des Tages einen Augenblick Zeit, um sich darüber klar zu werden, was Sie an Ihrem Partner heute als ganz besonders empfunden haben. Vielleicht war es das gemeinsame Abendessen oder ein intimes Gespräch danach, eine liebevolle Umarmung, die in Ihnen das Gefühl von Geborgenheit geweckt hat, oder eine Nachricht auf der Mailbox, über die Sie sich gefreut haben. Was auch immer es war, lassen Sie Ihren Partner an Ihren Überlegungen teilhaben und sprechen Sie ihm dafür ein Kompliment oder Ihre Dankbarkeit aus.

>> *Die Liebe lebt von liebenswerten Kleinigkeiten.* <<

Theodor Fontane

Solche Botschaften haben eine immense Wirkkraft. Nutzen Sie mit dieser Übung die Gelegenheit, Wertschätzung und Zuneigung zu zeigen, ganz besonders, wenn es Ihnen sonst schwerfällt oder Sie es im Alltag häufig versäumen.

TEST

Wie sensibel bin ich?

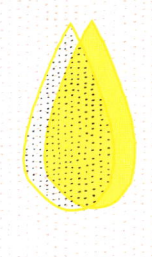

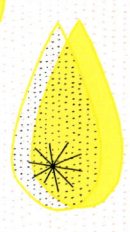

☐ Sind Sie empfindlich gegenüber lauten Geräuschen, Gerüchen oder grellem Licht?

☐ Haben Sie einen Blick für Details?

☐ Schätzen Sie sich selbst als besonders schmerzempfindlich ein?

☐ Beeinträchtigen Müdigkeit oder Hunger stark Ihr Wohlbefinden und Ihre Stimmung?

☐ Würde Sie sich selbst gegenüber Ihren Mitmenschen als mitfühlend bezeichnen?

☐ Haben Sie einen ausgeprägten Gerechtigkeitssinn?

☐ Sind Sie sehr gewissenhaft?

☐ Können Sie gut alleine sein?

☐ Sehen Sie Intuition als etwas Wesentliches an?

☐ Fühlen Sie sich schnell erschöpft, wenn längere Zeit keine Möglichkeit zum Rückzug besteht?

Auswertung:

Zählen Sie die Anzahl der markierten Kästchen.

0-3 weniger sensibel

4-6 normal sensibel

7-8 sensibler als der Durchschnitt

9-10 deutlich sensibler als der Durchschnitt

Sinnlichkeitstraining

Körperlichkeit gehört zu jeder gesunden Beziehung – sie ist ein wichtiger Baustein für das Wohlbefinden beider Partner.

An dieser Stelle könnten Sie das Buch beiseitelegen und Ihrer Fantasie freien Lauf lassen. Falsch oder richtig gibt es nicht - geben Sie sich vielmehr dem Augenblick hin. Ziel ist, den Partner mit möglichst vielen Sinnen intensiv wahrzunehmen, mit Hingabe eine sinnliche Erfahrung zu schaffen, die so nicht alltäglich ist. Die Ideen, die ich Ihnen vorstellen werde, sind nur ein kleiner Auszug aus einer großen Bandbreite an Möglichkeiten, die Sie mit Neugier und Kreativität beliebig erweitern und verfeinern dürfen, solange Sie und Ihr Partner Freude und Lust dabei empfinden. Lassen Sie sich darauf ein und experimentieren Sie, so viel Sie mögen.

Achtsamer Sex

Hier geht es um Entschleunigung beim Thema Erotik und bei allem, was für Sie dazugehört. Experimentieren Sie mit allen Sinnen und nehmen Sie sich Zeit für die schönste Nebensache der Welt. Nehmen Sie die Berührungen bewusst wahr und kosten Sie die Momente aus. Arbeiten Sie sich im Zeitlupentempo vor, ohne auf den Orgasmus fixiert zu sein. Diese Erfahrung kann das Liebesleben in vielfacher Hinsicht bereichern. Sich mal ohne Hektik und Leistungsdruck zu lieben schafft neue Lust. Sie lernen nicht nur, mit Höhen und Tiefen zu spielen, sondern auch das Tempo zu variieren. Auf diese

chen Sie die Lokomotive nur ins Rollen zu bringen und die Waggons werden folgen. Wenn Sie das Feuer der Liebe also neu entfachen und Ihrem Partner gegenüber Komplimente und Nettigkeiten aussprechen und ihn regelmäßig achtsam und zärtlich berühren, dann kann es tatsächlich passieren, dass Ihr Zug nach einiger Zeit an Fahrt aufnimmt und die Gefühle Sie förmlich überrollen.

Sehnsüchte kommunizieren

Um Ihre Sexualität dauerhaft spannend und intensiv zu halten, dürfen Sie auch mal kreativ sein und sich ausprobieren. Wenn Sie sich nicht trauen, Ihre geheimen Wünsche und sexuellen Fantasien mit Ihrem Partner von Angesicht zu Angesicht zu teilen, dann schreiben Sie sie in einem Liebesbrief auf. Betrachten Sie diesen als Einladung, an die Sie keine übersteigerten Erwartungen knüpfen. Setzen Sie Ihren Partner damit nicht unter Druck und lassen Sie ihm Zeit, sich dafür oder dagegen zu entscheiden. Neue Wege in der Erotik zu wagen ist eine spannende Sache und kann frischen Wind in das Liebesspiel bringen. Trotzdem sollte sich keiner dafür verbiegen müssen oder sie als Liebesbeweis ansehen.

Weise bleibt der Akt der Liebe bis ins hohe Alter befriedigend und kostbar.

Allen Langzeitpaaren sei gesagt: Ab und zu muss man die Leidenschaft neu entfachen. Achtsamer Sex eignet sich dafür einfach wunderbar. Manchmal hilft es auch, sich an die Leidenschaft der ersten Monate zurückzuerinnern. Möglicherweise steht es an, sich neu füreinander zu entscheiden. Bernd C. Trümper nutzt in seinem Buch »Quality Time« folgende wunderbare Metapher: Wenn Sie die Liebe einmal als eine Entscheidung betrachten und diese Entscheidung als eine Lokomotive, der positive Gefühle in Form von Waggons angehängt sind, dann brau-

Körperübung: Erdung

Einer der Partner (in der Regel der körperlich größere und stabilere) liegt bequem in Bauchlage, bei Bedarf mit einem Kissen unter der Hüfte oder dem Kopf. Sein Partner setzt sich mit dem Gesäß auf die Gesäßfalte des Liegenden, rollt seinen Oberkörper sanft ab und umfasst mit beiden Händen die Schultern oder den Kopf des Partners. Je nach Köperverhältnissen sind seine Beine gestreckt oder gebeugt und die Füße auf den Waden des anderen aufgestellt. Beide Partner schließen nun Ihre Augen, spüren bewusst in die Körperbereiche, die den Partner berühren und tauchen tief in die Wahrnehmung ab, sodass für einen Moment die Grenzen des eigenen Körpers unscharf werden und mit dem anderen Körper verschmelzen. Genießen Sie das Gefühl, eins zu sein.

Nach einer Weile tauschen Sie die Rollen, wenn Sie mögen.

> » *Die Liebe ist ein Stoff, den die Natur gewebt und die Fantasie bestickt hat.* «

Voltaire

Erdung

Sinnesübung: Diamantsitz

Sie sitzen sich gegenüber, die Beine in Form eines Diamanten übereinandergelegt. Sie können Ihren Partner, dem Sie zuvor die Augen verbunden haben, erlesene Speisen oder exotische Früchte kosten lassen, die er achtsam schmecken und benennen darf. Oder Sie verbinden sich gegenseitig die Augen, rücken etwas näher zusammen und erkunden neugierig und behutsam den Körper Ihres Gegenübers – mal führt der eine, dann der andere. Wenn Sie die Übung bekleidet begonnen haben, können Sie sich nach und nach entkleiden. Dies ist allerdings nicht das übergeordnete Ziel der Übung. Sie haben selbst alle Fäden in der Hand, können sich innig umarmen, leidenschaftlich küssen oder zärtlich streicheln, so als ob es das erste Mal für Sie beide wäre, voller Neugierde auf den anderen. Nehmen Sie sich für diese Übung ausreichend Zeit und schalten Sie mögliche Störquellen zuvor aus. Sie können einen angenehmen Duft im Raum versprühen, eine Musik Ihrer Wahl im Hintergrund einspielen oder ein knisterndes Kaminfeuer auf den Bildschirm Ihres Fernsehers zaubern. So können Sie Ihre Lust auf dieses Experiment noch steigern.

Diamantsitz

Achtsame Paarrituale

Rituale können in einer Beziehung eine wichtige Rolle als verbindendes Element erfüllen. Lassen Sie sich darauf ein und erschaffen Sie Ihre ganz eigenen Paarrituale.

Rituale schaffen Verbundenheit und Struktur nicht nur für Kinder, sondern auch für Erwachsene. Kindern geben sie Sicherheit, weil ihre Wiederholung Beständigkeit schafft. Uns Erwachsenen können Rituale ebenfalls Halt geben und vor allem Nähe schaffen. Bringen Sie mehr Berührung in den meist berührungsarmen Alltag. Diese drei Anregungen helfen Ihnen bei der Umsetzung:

- Beginnen und beenden Sie den Tag mit einer zärtlichen Berührung.
- Verabschieden Sie sich mit einem zärtlichen Kuss von Ihrem Partner oder begrüßen Sie ihn mit einer innigen (statt flüchtigen) Umarmung.
- Gehen Sie öfter Hand in Hand oder Arm in Arm spazieren, wie frisch Verliebte es gerne tun.

Entwickeln Sie eigene Ideen, greifen Sie verschüttete Gesten auf und entdecken Sie so vergessene Rituale wieder oder schaffen Sie neue.

Zweisam Achtsamkeit genießen

Setzen Sie sich nach Feierabend zusammen in Ihren Garten, auf den Balkon oder die Terrasse. Schauen Sie gemeinsam dem Treiben in der Umgebung zu oder genie-

Gemeinsam eine Mahlzeit zubereiten

Kochen Sie gemeinsam mit Ihrem Partner oder assistieren Sie ihm dabei, je nach Begabung und Ambition. Denn Liebe geht bekanntlich durch den Magen. Um dies besonders achtsam zu tun, nehmen Sie sich Zeit und spüren Sie jede Zutat zwischen den Fingern, nehmen Sie ihre Konsistenz, ihre Farbe und ihr Aroma bewusst wahr. Schälen, schneiden oder rühren Sie sorgsam und beobachten Sie aufmerksam, wie sich die einzelnen Zutaten im Prozess verändern. Versuchen Sie in einen entspannten Zustand des gemeinsamen Tuns zu kommen und dabei Freude an der Sache zu entwickeln. Arrangieren Sie das Gericht appetitlich auf den Tellern, decken Sie festlich den Tisch. Wählen Sie dazu den passenden Wein oder einen Aperitif aus. Bevor Sie mit dem Essen beginnen, schauen Sie einander und die Mahlzeit voller Vorfreude und Dankbarkeit an. Essen Sie mit Genuss, in kleinen Bissen. Indem Sie solche Erfahrungen teilen und zelebrieren, erhält auch Ihre Beziehung eine andere Qualität.

ßen Sie die Natur. Es gibt nichts zu tun und nichts zu erreichen. Alles darf jetzt so sein, wie es ist. Lassen Sie den Ballast des Arbeitstages von sich abfallen. Legen Sie den Kopf auf die Schulter Ihres Partners. Eine solche Atmosphäre schafft Nähe, öffnet die Tür für gute Gespräche oder die Freude am gemeinsamen Schweigen. Nehmen Sie sich regelmäßig Zeit, zu zweit Ihre Seelen baumeln zu lassen.

> **»** *Wir brauchen vier Umarmungen pro Tag zum Überleben. Acht Umarmungen, um uns gut zu fühlen, und zwölf Umarmungen pro Tag zum innerlichen Wachsen.* **«**

Virginia Satir

Gemeinsam in den Tag starten

Starten Sie gemeinsam in den Tag! Wie das aussehen soll, bleibt in Details Ihnen überlassen. Sobald der Wecker klingelt, können Sie sich noch einmal innig an Ihren Partner kuscheln, ihm zärtlich ein »Guten Morgen« oder »Schön, dass du da bist« ins Ohr hauchen oder einfach wortlos die Nähe und Wärme des anderen genießen. Selbst wenn Sie an Arbeitstagen nicht zur gleichen Zeit aufstehen müssen, können Sie es trotzdem tun, sich dann am Frühstückstisch nach den Plänen des anderen für den Tag erkundigen und schon im Vorfeld den gemeinsamen Tagesausklang planen: Wer kauft ein und was wird gekocht? Steht eine Unternehmung an oder ein Fernsehabend? Dieses Vorgehen stärkt das Vertrauen in die Liebe und generiert Geborgenheit.

An einem Feiertag können Sie gemeinsam im Bett frühstücken oder im Sommer auf der Terrasse. Ebenso gut können Sie den Sonntag nutzen, um ausgiebig auswärts zu brunchen oder bei schönem Wetter in der Natur zu picknicken. Sie können beide zuvor das Bad unsicher machen oder eine Kissenschlacht veranstalten. Letzteres funktioniert übrigens auch hervorragend, wenn Sie Kinder haben und mit allen gemeinsam Spaß haben wollen. Wofür auch immer Sie sich in welcher Situation entscheiden, ein gemeinsamer Start in den Tag macht besonders viel Freude.

Gemeinsam den Tag beschließen

Den Tag gemeinsam zu beschließen schafft ebenfalls Vertrautheit. Sie können gemeinsam im Garten am Feuerkorb sitzen, einen Feierabendspaziergang oder eine kleine Radtour machen oder beim gemeinsamen Glas Wein den Tag noch einmal Revue passieren lassen. So können Sie sich entspannt austauschen und gegenseitig über das Tagesgeschehen informieren oder über Aktuelles miteinander diskutieren.

Wenn Sie am Abend noch Zeit im Büro mit Heimarbeit verbringen oder einem Hobby nachgehen wollen, können Sie sich zur späteren Stunde zur »Tagesschau« verabreden und hinterher noch eine Runde kuscheln.

Natürlich gibt es Eulen und Lerchen – die einen gehen gerne spät zu Bett und die anderen stehen viel lieber früher auf.

Aber auch das lässt sich mit ein bisschen gutem Willen anpassen, sodass beide etwas voneinander haben. Denn der Mensch ist bekanntlich ein Gewohnheitstier. Und Gewohnheiten lassen sich auch modifizieren, sodass es keine wirklichen Ausreden gibt, nicht gemeinsam einzuschlafen. Es soll aber bitte nicht der Eindruck entstehen, dass Sie ständig nur etwas zu zweit tun müssen. Vielmehr geht es darum, bewusst Zeitfenster füreinander zu schaffen.

Date Nights und Kurztrips als Quality Time

Wenn Sie beide lieber den Abend jeder für sich verbringen, so können Sie regelmäßige »Date Nights« vereinbaren: abendliche Verabredungen für eine meist besondere Unternehmung, beispielsweise einen Theater-, Kino- oder Restaurantbesuch. Diese »Quality Time« ist sehr wertvoll, ganz besonders wenn Sie sonst wenig Zeit füreinander oder noch kleine Kinder haben. Sich einmal wöchentlich von den Verpflichtungen freizumachen

und dem Trubel daheim zu entfliehen frischt die Beziehung auf. Nehmen Sie es in Angriff, auch wenn im Vorfeld einige organisatorische Gegebenheiten geklärt oder sogar ein Babysitter angeheuert werden muss. Sie können jeden Donnerstag Ihren Lieblingsitaliener besuchen oder Sie werden kreativ und überraschen sich jede Woche mit einer neuen Idee – immer im Wechsel mit dem Partner.

Vielleicht bieten auch Kurztrips an mehreren Wochenenden im Jahr eine weitere Möglichkeit, in Zweisamkeit zu investieren. Buchen Sie sich gemeinsam in einem Wellnesshotel ein oder planen Sie eine Städtereise. So haben Sie über das Jahr verteilt immer etwas, worauf Sie sich freuen können.

Tipp: Halten Sie Ihr gemeinsames Glück bei solchen oder ähnlichen Unternehmungen auf Fotos fest und kleben diese zusammen mit Eintrittskarten und weiteren Erinnerungsstücken ganz altmodisch in ein Fotoalbum ein. Sie werden noch viele Jahre später mit Genuss darin blättern.

Gemeinsam lachen

Lachen verbindet Menschen über alle Sprach- und Kulturgrenzen hinweg. Genauso verbindet es zwei Menschen, die in einer Beziehung leben.

Sinnlichkeitstraining ist eine wunderschöne Sache – Lachen auch. Beides lässt sich auch wunderbar miteinander verbinden. Schauen Sie Ihrem Partner tief in die Augen und lassen Sie in Ihrem Gesicht ein breites Grinsen entstehen. Ihre Augen werden strahlen und dies wird Ihren Partner ganz sicher nicht unberührt lassen. Im Gegenteil, Lachen steckt an. Alternativ sprechen Sie gezielt eine Situation an, bei der Sie beide herzhaft gelacht haben, und gehen diese in Gedanken erneut durch. Sie können auch einander kitzeln und herumtoben wie zwei kleine Kinder. Neben Sie sich die Freiheit, einmal albern und verspielt zu sein. Es ist ein befreiendes Gefühl und wird Ihrer Beziehung sicher guttun.

Die positiven Effekte des Lachens

Die Gelotologie, die Wissenschaft vom Lachen, hat die Effekte des Lachens auf den Körper und Geist untersucht. Dabei sind die Ergebnisse sehr beeindruckend:

- Lachen aktiviert das Herz-Kreislauf-System
- Lachen kurbelt das Immunsystem an
- Lachen vertieft den Atem
- Lachen entspannt und macht gute Laune

suchen Sie, sich an dieses Gefühl möglichst im Detail zu erinnern. Vielleicht haben Sie sich sogar den Bauch vor Lachen gehalten und hinterher einige Lachtränen aus den Augen wischen müssen. Es spricht sicher nichts dagegen, diese Erfahrung regelmäßig in Ihr Leben als Paar einfließen zu lassen, auch wenn Sie dem Lachen dabei ein wenig auf die Sprünge helfen müssen.

>> *Jeder Tag, an dem du nicht lächelst, ist ein verlorener Tag.* <<

Charlie Chaplin

- Lachen mindert Aggressivität und fördert die Verständigung
- Lachen fördert die Ausschüttung der Glückshormone
- Lachen senkt den Level der Stresshormone im Körper
- Lachen führt zur heiteren Gelassenheit
- Lachen entwaffnet die eigene Sturheit
- Lachen verändert positiv die Schmerzwahrnehmung

Gemeinsam zu lachen steigert das Wir-Gefühl und stärkt die Beziehung, denn wer gemeinsam lacht, schafft eine Atmosphäre der Verbundenheit. Wann haben Sie das letzte Mal vom ganzen Herzen gelacht? Schließen Sie Ihre Augen und ver-

Humor schafft Abstand zu unseren Alltagssorgen und wirkt manchmal wie ein Antidepressivum. Nicht umsonst wird er auch ergänzend zur Heilung insbesondere bei Krebspatienten und chronisch Kranken eingesetzt. Dabei wirkt sich Humor auf alle Menschen gleich aus.

Die Fähigkeit zu lachen ist angeboren und zutiefst menschlich. Kinder lachen viel, Erwachsene dagegen deutlich weniger. Viele ältere Menschen lachen kaum noch. Dabei können wir durch Lachyoga den Körper überlisten, indem wir aus einem anfänglich unechten Lachen ein herzhaftes Lachen erzeugen. Und das passiert ganz von selbst, weil wir dem Gehirn über die Gesichtsmuskeln den Impuls geben, diesen Vorgang zu aktivieren. So können wir von den Vorzügen des Lachens in jedem Fall profitieren. Nicht ohne Grund gibt es in größeren Städten und Gemeinden inzwischen weltweit Lachyoga-Clubs. Hier kommen Menschen zusammen, die meist gar nichts zum Lachen haben, aber dennoch oder gerade deswegen Ihre Gesundheit und Ihre Lebensfreude stärken wollen.

Als offiziell ausgezeichnete Botschafterin für Lachyoga möchte ich Ihnen zwei ganz einfache Partnerübungen vorstellen, die Sie völlig unkompliziert in den Alltag einfließen lassen können.

Lachyogaübung: Umarmungs-Katapult

Sie begrüßen einander mit weit ausgebreiteten Armen und einem breiten Lächeln im Gesicht. Umarmen Sie einander herzlich und lachen Sie laut dabei, solange Sie mögen. Stellen Sie sich vor, Sie haben Ihren Partner eine Ewigkeit nicht gesehen und die Freude ist riesig.

Lachyogaübung: Rückenschubbern

Stellen Sie sich mit den Rücken aneinander. Indem Sie leicht in die Knie gehen und die Beine wieder strecken, sich nach rechts und links bewegen, reiben Sie Ihren Rücken an dem Ihres Partners. Lachen Sie laut dabei in allen Tönen der Tonleiter, vom tiefen Hoho über Haha bis zum hohen Hihi. Machen Sie dies so lange, bis aus dem anfänglich unechten Lachen ein herzhaftes und befreiendes Lachen entsteht.

Tipp: Bringen Sie Humor so oft wie möglich in Ihrem Alltag unter. Finden Sie heraus, was Sie als Paar zum Lachen bringt, und sorgen Sie für mehr davon. Vielleicht lesen Sie sich gegenseitig Witze vor, gehen regelmäßig zu Comedyveranstaltungen oder besuchen gemeinsam einen Lachyogaclub. Wieso es sich lohnt? Weil es Spaß macht und mehr Leichtigkeit im Alltag und miteinander schafft.

>> *Ein großer Mensch ist, wer sein kindliches Herz nicht verliert.* «

Mencius

Lachen generiert Glück

Wenn Sie schon einen Glückscoach in Ihren Händen halten, dann möchte ich noch einige besondere Gedankenimpulse zum Thema Glück an Sie richten: Regelmäßig zu lachen hebt ohne Zweifel Ihren Glückslevel, besonders das wertschätzende, das Sie gemeinsam mit Ihrem Partner teilen. Berührung tut dies ganz bestimmt auch. Was aber maßgeblich darüber entscheidet, ob wir uns als glücklich einschätzen und erleben, ist unsere Sichtweise. Warten Sie täglich darauf, dass das große Los vom Himmel fällt, werden Sie vermutlich einiges im Leben verpassen. Viele Menschen glauben, kein Glück im Leben zu haben, weil ihre Definition vom Glück absurd ist und ihre Erwartungen kaum erreichbar. Dabei gibt es so vieles im Alltag, das unser Glück auf ein hohes Niveau hebt, wenn wir es nur zulassen und rechtzeitig bemerken – ein gutes Essen, eine zufällige Begegnung mit einem alten Bekannten, den wir lange nicht gesehen haben, oder ein gemeinsamer Spaziergang im Park. All das sind Momente, die wir genießen sollten, wenn wir uns glücklich schätzen möchten. Betrachten Sie daher das große Glück nicht als ein abstraktes Ziel in ferner Zukunft, sondern als ein großes Puzzle aus vielen kleinen Glücksmomenten, die Sie täglich entdecken. Dabei ist Achtsamkeit ein sehr machtvolles Instrument, denn sie erlaubt es Ihnen, diese Dinge überhaupt erst wahrzunehmen.

Aus meiner therapeutischen Arbeit weiß ich, wie winzig ein Funken sein kann, der ein großes Feuerwerk an Glücksgefühlen entfacht, nur weil man gelernt hat, das Leben mit allen seinen Höhen und Tiefen zu schätzen. Vergessen Sie also nicht, bei all dem Glück, dem Sie tagtäglich auf den Fersen sind, ein wenig Genügsamkeit mit in den Rucksack zu packen.

In diesem Zusammenhang hat die amerikanische Glücksforscherin Sonja Lyubomiersky Interessantes herausgefunden. Sie unterscheidet zwischen drei Faktoren, die unser Glückslevel dauerhaft beeinflussen: 50 % gehen dabei auf das Konto unserer Veranlagung, nur 10 % auf das der äußeren Umstände und weitere 40 % hängen ganz allein von uns selbst ab. Machen Sie also etwas Gutes daraus!

Übung

Landkarte des Glücks

Machen Sie sich Gedanken darüber, was Sie in Ihrer Beziehung glücklich und zufrieden macht und wie Sie diese Bausteine mehren können, damit ein stabiles Gerüst daraus entsteht.

Schritt 1

Nehmen Sie ein Blatt Papier und einen Stift zur Hand. Schreiben Sie Ihre Gedanken und Impulse auf.

Schritt 2

Sortieren Sie die Aspekte und priorisieren Sie diese in Form von Haupt- und Nebenschauplätzen.

Schritt 3

Suchen Sie Wege und Möglichkeiten, um das Potenzial auszubauen. Seien Sie kreativ und schauen Sie über den Tellerrand hinaus.

Natürlich können Sie auch eine gemeinsame Landkarte anfertigen und diese im Laufe der Zeit ergänzen.

Nutzen Sie Krisen als Chancen!

Eine Krise muss mitnichten bedeuten, dass alles zu Ende ist. Nehmen Sie sie als Chance wahr, können Sie gemeinsam gestärkt daraus hervorgehen.

Erfolgreiche Beziehungen zeichnen sich nicht dadurch aus, dass sie ohne Tiefpunkte verlaufen. Ganz im Gegenteil: Die stabilsten Beziehungen sind gleichsam durch das Schmiedefeuer von Krisen gegangen und haben dieses gefestigt wieder verlassen. Menschen, die schwere Stürme gemeinsam hinter sich gebracht haben, schätzen ihren Partner umso mehr. Ihre Beziehung verfügt über ein solides Fundament.

Im Klartext: Eine Krise ist kein Drama – alles hängt davon ab, wie Sie dem Problem begegnen. Betrachten Sie schlechte Zeiten als idealen Ausgangspunkt für eine Kurskorrektur in der Beziehung. Finden Sie heraus, was dazu geführt hat und wie Sie damit am besten umgehen – oder noch besser: wie Sie eine positive Veränderung für Ihre Beziehung daraus ableiten können. Achtsamkeit wird Ihnen dabei ein unersetzbarer Begleiter sein.

Entfachen Sie das Feuer in Ihrer Beziehung beherzt immer wieder und schaffen Sie gemeinsame Erlebnisse. Bekunden Sie echtes Interesse an Ihrem Partner durch liebevolle Botschaften und Handlungen. Teilen Sie Freude und zeigen Sie Anteilnahme an dem, was den anderen bewegt.

wieder neu begegnen können. Und bleiben Sie stets auf Tuchfühlung. Mit ein wenig Übung und Zeit wird dies mehr Tiefe und Leichtigkeit in Ihre Beziehung bringen. Bleiben Sie optimistisch und kompromissbereit; setzen Sie aber auch klare Grenzen, wenn dies einmal notwendig ist. Machen Sie sich bewusst, dass schwierige Zeiten auch in der Zweisamkeit unumgänglich sind. Bleiben Sie also dran. Holen Sie sich bei Bedarf Unterstützung von Familie, Freunden oder einem erfahrenen Paartherapeuten. Und legen Sie dieses Büchlein in Griffnähe, damit Sie das eine oder andere immer wieder nachlesen können.

In einer Beziehung geben wir uns gegenseitig Halt in Form von Unterstützung und profitieren von der Lebensfreude und dem Wohlbefinden unseres Partners. Gerade in der heutigen Zeit, wo vieles so unverbindlich und unbeständig ist, hat eine vertrauensvolle und stabile Partnerschaft einen hohen Stellenwert. Lassen Sie sich also mit Fröhlichkeit anstecken und stecken auch Sie Ihren Partner so oft wie möglich mit Lebenslust an, damit Ihre Beziehung blüht und gedeiht wie ein prachtvoller Rosengarten. Auf diesem gemeinsamen Weg wünsche ich Ihnen viel Erfolg und Erfüllung.

>> *Die Zeit, die du für deine Rose gegeben hast, sie macht deine Rose so wichtig.* <<

Antoine de Saint-Exupéry aus »Der Kleine Prinz«

Ich hoffe sehr, Ihnen mit diesem Glückscoach einige Anregungen für eine glückliche und erfüllte Paarbeziehung geboten zu haben. Wenn also Ihre bessere Hälfte mal wieder Ihre Knöpfe drückt, begegnen Sie ihr mit Achtsamkeit und Gelassenheit. Bewahren Sie sich ein offenes Herz und ein offenes Ohr, damit Sie sich immer

Bibliografische Information der Deutschen Nationalbibliothek
Die Deutsche Nationalbibliothek verzeichnet diese Publikation in der Deutschen Nationalbibliografie; detaillierte bibliografische Daten sind im Internet über http://dnb.d-nb.de abrufbar.

Programmplanung: Celestina Filbrandt
Redaktion: Julia Jochim, Hamburg
Bildredaktion: Christoph Frick, Nadja Giesbrecht
Umschlaggestaltung und Layout:
CYCLUS Visuelle Kommunikation, Stuttgart

Bildnachweis:
Covergrafik: Daniela Sonntag, Stuttgart
Grafiken im Innenteil: Grafikbüro Schaaf, Karlsruhe

1. Auflage 2018

© 2018 TRIAS Verlag in Georg Thieme Verlag KG
Rüdigerstr. 14
70469 Stuttgart

Printed in Germany

Satz: Reemers Publishing, Krefeld
gesetzt in Adobe Indesign CC 2017
Druck: AZ Druck und Datentechnik GmbH, Kempten

Gedruckt auf chlorfrei gebleichtem Papier

ISBN 978-3-432-10615-1

Auch erhältlich als E-Book:
eISBN (Epub) 978-3-432-10617-5

1 2 3 4 5 6

Besuchen Sie uns auf facebook!
**www.facebook.com/
trias.tut.mir.gut**

Lassen Sie sich inspirieren!
**www.pinterest.com/
triasverlag**

Liebe Leserin, lieber Leser,

hat Ihnen dieses Buch weitergeholfen? Für Anregungen, Kritik, aber auch für Lob sind wir offen. So können wir in Zukunft noch besser auf Ihre Wünsche eingehen. Schreiben Sie uns, denn Ihre Meinung zählt!

Ihr TRIAS Verlag

E-Mail Leserservice
kundenservice@trias-verlag.de

Lektorat TRIAS Verlag
Postfach 30 05 04
70445 Stuttgart
Fax: 0711 89 31-748

Entdecke Dich **selbst!**

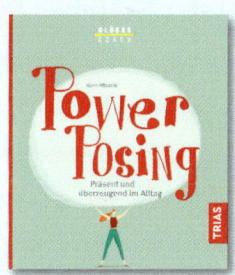
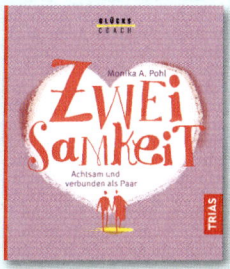

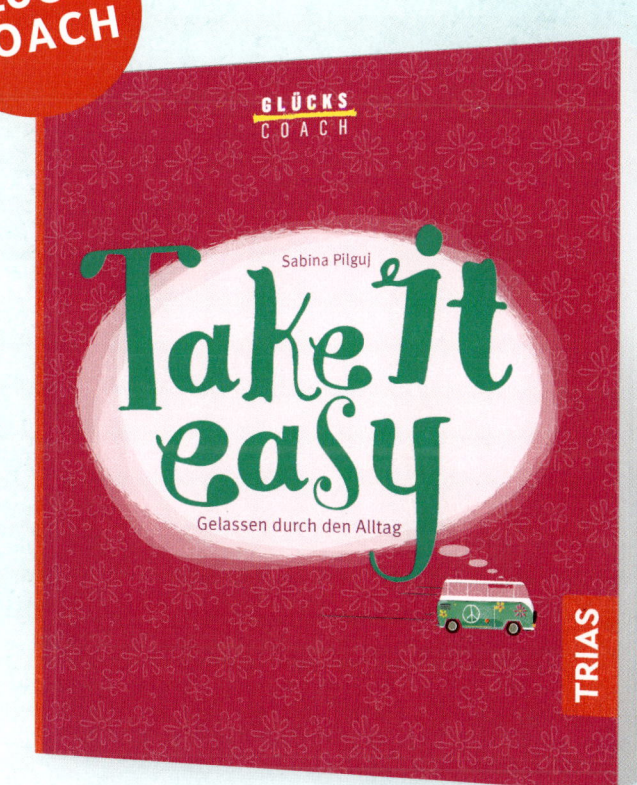

Dufte Öle

Lora Cantele · Nerys Purchon

AROMA-THERAPIE
UND ÄTHERISCHE ÖLE

Über 400 Rezepte für Beauty,
Gesundheit und Ihr Zuhause

TRIAS

AROMATHERAPIE
FÜR SIE

TRIAS

Eliane Zimmermann
Aromatherapie für Sie
€ 19,99 [D] / € 20,60 [A]
ISBN 978-3-432-10147-7

AROMAPFLEGE
FÜR SIE

TRIAS

Eliane Zimmermann
Aromapflege für Sie
€ 19,99 [D] / € 20,60 [A]
ISBN 978-3-432-10131-6

Natürliche Wellness

Dieses aufwändig gestaltete Buch ist ein inspirierendes
Nachschlagewerk, mit dem Ihr Einstieg in die Welt der
Aromatherapie garantiert gelingt. Es bietet 450 Rezepte
und Anwendungen zu 250 Beschwerden: Von Anis bis
Zitrone und von Deodorant bis Hustensaft.

Lora Cantele, Nerys Purchon
Aromatherapie und ätherische Öle
€ 39,99 [D] / € 41,10 [A]
ISBN 978-3-432-10390-7

Alle Titel auch als E-Book

 Bequem bestellen über
www.trias-verlag.de
versandkostenfrei
innerhalb Deutschlands

TRIAS